RÉVOLUTION IA

Préparer votre organisation à l'intelligence artificielle et ses agents

Préface de Denis Machuel, Directeur Général
The Adecco Group

matuchet@gmail.com

Sommaire

Révolution IA

Préface : Denis Machuel, Directeur Général The Adecco Group

L'intelligence artificielle est une révolution technologique. Elle ouvre un moment décisif pour le leadership et pour la manière dont nous voulons façonner l'avenir du travail.

Pour la première fois, des systèmes intelligents ne se contentent plus de soutenir le travail ou d'optimiser les processus. Ils observent, apprennent, priorisent et agissent. Ils participent désormais à la prise de décision comme à l'exécution.

La question à laquelle les dirigeants sont aujourd'hui confrontés n'est plus de savoir si l'intelligence artificielle va transformer le travail. Cette transformation est déjà à l'œuvre. Nous sommes sans doute la dernière génération à connaître un monde du travail exclusivement humain.

Alors que nous traversons un bouleversement majeur, l'enjeu est clair : saurons-nous façonner l'avenir du travail avec intention et humanité, ou laisser les seules possibilités techniques et les gains de court terme en guider l'évolution ?

Ce qui est en jeu dépasse largement l'impact technologique. Il s'agit de la manière dont le travail est organisé, valorisé et gouverné, et plus largement du type de société que nous souhaitons construire.

Depuis notre position au sein de The Adecco Group, à travers les marchés du travail, les secteurs et les zones géographiques, cette évolution n'a plus rien de théorique. Nous accompagnons de nombreux clients qui expérimentent des systèmes d'IA pour présélectionner des candidats, accompagner les transitions professionnelles, optimiser la planification des effectifs ou encore orchestrer des workflows complexes.

Dans le même temps, les collaborateurs adoptent les outils d'IA à une vitesse remarquable, souvent plus rapidement que les entreprises ne parviennent à adapter leurs référentiels de compétences, leurs modèles opérationnels ou leurs structures de gouvernance. Ce décalage croissant entre adoption technologique et maturité organisationnelle constitue l'un des risques majeurs de la transition actuelle.

Nous entrons dans l'ère des organisations hybrides, où humains et agents d'IA opèrent côte à côte. Des tâches sont déléguées, des décisions sont augmentées, et certaines actions sont désormais exécutées de manière autonome. Cette nouvelle réalité ne réduit pas le rôle du leadership ; elle l'amplifie.

Lorsque l'exécution est partiellement automatisée, l'intention devient centrale. Et lorsque les systèmes agissent à grande échelle, la gouvernance devient critique.

C'est pourquoi la réflexion sur l'IA ne peut rester cantonnée aux outils, aux pilotes ou aux seuls indicateurs de productivité. L'intelligence artificielle redéfinit les rôles, redistribue les responsabilités et transforme en profondeur la manière dont la valeur est créée. Dans ce contexte, le leadership ne repose plus uniquement sur le contrôle, mais sur l'orchestration, la clarté et la confiance.

L'un des grands mérites de cet ouvrage, solidement ancré dans la réalité opérationnelle, est d'apporter clarté et discipline à cette transformation. Il distingue avec justesse les systèmes qui assistent de ceux qui agissent, les gains de productivité immédiats des changements structurels plus profonds. Il invite ainsi les dirigeants à se confronter à une question essentielle : que déléguer, et que doit-il rester humain, par conception ?

À mesure que les machines gagnent en capacité à traiter l'information, optimiser les flux et exécuter des séquences complexes, la nature de la contribution humaine évolue. Le jugement, le raisonnement éthique, l'empathie, la créativité ou encore la capacité à instaurer la confiance ne sont plus des qualités périphériques ; ils deviennent des atouts stratégiques. Et, paradoxalement, plus l'intelligence artificielle progresse, plus l'avantage humain devient déterminant.

Cette vision fait profondément écho à ce que nous observons sur le terrain. Au sein du groupe Adecco, nous constatons que la technologie ne crée de la valeur durable que lorsque les personnes la comprennent, lui font confiance et perçoivent clairement en quoi elle les augmente. Introduite sans pédagogie, sans investissement dans les compétences ou sans clarté éthique, l'IA fragilise la confiance. À l'inverse, lorsqu'elle est présentée comme un pont vers l'opportunité — en soutenant l'employabilité, la mobilité et un travail porteur de sens — l'adoption s'accélère et l'impact devient tangible.

Les compétences et l'employabilité sont au cœur de toute stratégie d'IA responsable. Le rythme du changement induit par l'IA est sans précédent : les rôles évoluent plus vite que les cycles de formation traditionnels, et de nouvelles compétences émergent avant même que les organisations ne sachent les nommer. La montée en compétences technologiques comme humaines doit donc devenir une priorité.

La confiance constitue le socle invisible de l'ensemble de ces enjeux. Confiance dans la manière dont les décisions sont prises, dans l'usage des données, et dans des systèmes qui influencent de plus en plus les parcours professionnels, les opportunités et les résultats. Une fois fragilisée, la confiance est difficile à reconstruire. L'IA responsable ne vise donc pas à ralentir l'innovation, mais à rendre le progrès durable. Gouvernance, transparence et responsabilité ne sont pas des contraintes, ce sont des leviers essentiels de passage à l'échelle.

Ce livre ne propose ni recettes toutes faites ni réponses simplistes. Il offre, en période d'incertitude, quelque chose de plus précieux : une boussole plutôt qu'une carte, et un cadre de discernement. Il aide les dirigeants à penser clairement avant d'agir, et à concevoir des systèmes qui restent alignés avec les valeurs humaines à mesure qu'ils gagnent en autonomie.

L'avenir du travail ne sera pas décidé par les algorithmes seuls. Il sera façonné par la qualité du leadership qui encadre leur usage. L'intelligence artificielle peut devenir un pont vers l'opportunité — pour les individus, les organisations et la société — mais les ponts ne se construisent pas d'eux-mêmes : ils se conçoivent, se bâtissent et s'entretiennent.

La responsabilité du monde du travail augmenté par l'IA que nous souhaitons voir advenir repose, en dernier ressort, sur nous.

Denis Machuel

Introduction : Une boussole pour piloter les intelligences autonomes dans l'entreprise

a. Ce que ce livre n'est pas

Ce livre n'est pas un guide de programmation. Il ne s'agit pas d'un manuel technique pour les savants de la donnée, ni d'un recueil académique sur l'intelligence artificielle.

Il n'est pas non plus un plaidoyer pour ou contre la technologie, ni une énième compilation de cas d'usage — souvent déjà obsolètes au moment où vous les lisez.

Il ne vous dira pas exactement quoi faire. En revanche, il peut vous éviter de faire les mauvais choix par défaut : ceux qui enferment dans des expérimentations sans suite, des outils mal intégrés ou des stratégies floues.

b. Ce que ce livre est vraiment

Ce livre est une boussole. Pas un GPS.

Un GPS trace un chemin sûr, linéaire, prédictible. Dans l'ère des intelligences autonomes, il n'existe pas de route définie. Les modèles évoluent chaque semaine, les promesses changent de nom tous les mois, les architectures deviennent obsolètes à peine industrialisées. Attendre un plan parfait, c'est rester immobile — pendant que d'autres avancent.

Cette boussole est là pour vous orienter dans une transformation radicale et encore confuse : l'arrivée d'intelligences autonomes dans l'entreprise, qu'elles soient génératives, agentiques ou bientôt hybrides. Elle ne vous dira pas quoi faire, mais elle vous évitera les mauvais choix par défaut : pilotes sans suite, intégrations bancales, stratégies floues.

L'IA n'est ni un feu d'artifice, ni une apocalypse. C'est une transformation profonde, progressive, exigeante. Avec son lot d'enthousiasmes… et de résistances. Il ne suffit pas de faire un hackathon. Il faut accompagner une véritable métamorphose culturelle : reconstruire des compétences, ouvrir des systèmes, redéfinir des responsabilités, poser une éthique qui ne bloque pas l'élan et au contraire renforce la confiance.

Vous trouverez ici un vocabulaire commun, des méthodes concrètes, des canevas opérationnels, et surtout une manière de poser les bonnes questions. Quand un agent d'IA doit-il décider seul ? Quelles données peut-on lui confier ? Quelles tâches doivent rester du côté humain ? Et surtout : à quel moment arrête-t-on de tester… pour transformer ?

Car le vrai sujet n'est plus technologique. Il est managérial. Et l'urgence est là : décider avant que l'IA ne le fasse pour vous.

c. Une révolution cognitive… qui nous mène vers les intelligences autonomes

Ce que nous vivons n'est pas une simple mise à jour technologique. C'est un basculement de logique cognitive : nous ne programmons plus seulement des règles, nous concevons des entités capables d'interpréter, de décider et d'apprendre.

La progression suit déjà son cours : nous passons des copilotes aux agents spécialisés, puis aux systèmes hybrides. À l'horizon se profile la perspective — réelle ou fantasmée — de l'intelligence artificielle générale (AGI** pour *artificial general intelligence*). Une AGI peut comprendre, apprendre et raisonner de manière générale, dans des contextes multiples, comme un humain. Contrairement à une IA spécialisée, elle peut s'adapter à n'importe quelle situation sans reprogrammation, transformant la machine d'un simple outil à un partenaire cognitif transversal.

Et si l'AGI ne surgissait pas comme un coup de tonnerre, mais agissait comme le test ultime de votre maturité organisationnelle ? Et si vos choix technologiques d'aujourd'hui conditionnaient vos décisions de demain au point de les rendre impossibles à reprendre ?

Il ne s'agit plus seulement de suivre l'innovation ; il faut éviter de se faire déborder par elle. L'IA ne vous remplacera pas directement, mais un concurrent qui saura mieux s'en servir le fera. Construire cette capacité exige une gouvernance solide et une IA responsable, intégrées dès le départ, pour établir la confiance comme un système et non comme un rempart.

---

* L'explication de ce terme, ainsi que de tous ceux repérés par un astérisque, figure dans l'annexe, « Tout ce que vous avez toujours voulu savoir sur l'IA (sans jamais oser le demander) », en fin d'ouvrage.

Travailler avec ces nouvelles intelligences impose aussi de redéfinir les rôles : savoir ce que l'on délègue, ce que l'on garde et comment on pilote un collectif hybride où humains et agents d'IA partagent la charge et les décisions.

Si l'AGI advient, elle ne fera pas table rase de ce que vous aurez déjà mis en place. Elle l'accélérera, le radicalisera et le mettra sous tension. La question n'est pas tant de savoir si elle viendra, mais si votre organisation sera prête à cohabiter intelligemment avec une intelligence qui apprend plus vite que vous. Et aussi où en seront vos concurrents, vos nouveaux concurrents.

d. Pourquoi moi ? Un regard forgé par les ruptures

Je ne suis ni chercheur ni consultant. Je suis un dirigeant, ingénieur de formation, qui a occupé des postes de responsabilités business et technologique. J'ai eu la chance de vivre plusieurs ruptures technologiques de l'intérieur, aux commandes d'entreprises dans différents secteurs.

- Le mobile, chez Voyages SNCF Technologies. En dirigeant la plateforme technologique de Voyages SNCF, j'ai eu la chance de piloter la migration open source, puis de lancer la toute première application mobile. Son périmètre était alors très réduit : elle permettait uniquement d'acheter un aller simple pour une personne… et coûtait très peu à construire. Cette première brique est devenue la plateforme mobile qui gère aujourd'hui l'essentiel des ventes de la SNCF.

- Les réseaux sociaux, avec Milky, l'entreprise que j'ai fondée pour vivre cette transition de l'intérieur. J'y ai appris à marier culture, design et technologie — et à comprendre comment les usages individuels déstabilisent les systèmes collectifs.
- L'IA et l'IA agentique, chez Adecco. Je pilote aujourd'hui des projets où des agents autonomes collaborent avec des humains pour exécuter, apprendre et décider — à l'échelle de plusieurs pays.

À chaque étape, mon rôle est resté le même : faire le lien entre ce qui fascine et ce qui fonctionne. Je suis un passeur, capable de traduire une technologie émergente en leviers concrets pour transformer l'entreprise. Cet ouvrage prolonge ce rôle.

e. Que trouverez-vous dans ce livre ?

Commençons par la fin, si vous le souhaitez : l'annexe « Tout ce que vous avez toujours voulu savoir sur l'IA… » peut être utile en début de lecture.

Le chapitre 1, qui vise à définir si l'IA constitue une révolution ou ne relève que d'une tendance, ouvre les yeux sur **la rupture cognitive** en cours et montre pourquoi la banalisation de l'IA est le plus grand danger. Comprendre cette rupture, c'est déjà éviter de prendre de mauvaises décisions par réflexe.

Le chapitre 2 trace **une frontière claire entre l'IA générative et l'IA agentique**. Cette distinction, simple en apparence, détermine si vous investissez dans un gadget productif ou dans un système qui reconfigure votre organisation.

Le chapitre 3 vérifie **la compatibilité de vos fondations technologiques**, c'est-à-dire si vos systèmes informatiques (votre plateforme) peuvent réellement exécuter ce que vous imaginez. Il ne s'agit pas d'impressionner en démonstration, mais d'ouvrir l'accès aux données, aux interfaces avec vos autres systèmes (API) pour qu'un agent intelligent opère vraiment dans vos flux métier.

Le chapitre 4 montre pourquoi l'IA générative, si elle n'est pas cadrée, devient un piège qui peut endormir. Vous y verrez comment **convertir** l'énergie initiale et les gains locaux **en une transformation structurelle** — avant que l'élan que vous avez donné ne s'évapore et que vos concurrents ne capitalisent sur votre inertie.

Le chapitre 5 vous fait passer de l'IA contemplée à l'IA déployée. Il détaille comment intégrer un agent intelligent dans vos processus* critiques, comment le faire monter en charge et comment en tirer des effets cumulatifs qui changent vos flux, vos rôles et vos résultats pour **une transformation efficace avec l'IA agentique** — avant qu'un concurrent ne le fasse à votre place.

Le chapitre 6 donne un éclairage sur le plan d'exécution pour **réussir son projet agentique.**

Le chapitre 7 pose les bases d'un pilotage où humains et agents intelligents travaillent ensemble dans **une gouvernance hybride vivante**. Vous y découvrirez comment organiser la responsabilité, orchestrer les boucles de rétroaction (*feedback loop*) et maintenir l'équilibre entre autonomie et contrôle.

Le chapitre 8 analyse la **révolution conversationnelle** introduite par l'IA agentique, qui déplace la charge de la compréhension de l'humain vers la machine. Il montre comment cette bascule permet aux organisations de passer d'une logique transactionnelle et réactive à une économie de l'anticipation, fondée sur le contexte, la mémoire et la relation

Le chapitre 9 présente comment construire la confiance comme un système, pas comme un rempart qui freine l'élan. Vous apprendrez à intégrer la responsabilité dès la conception pour sécuriser l'autonomie d'une **IA responsable** plutôt que la limiter.

Le chapitre 10 explore **le nouveau pacte professionnel** qui se dessine : comment redéfinir les rôles, valoriser l'interprétation et l'arbitrage, et piloter un collectif hybride où humains et agents d'IA partagent la charge du travail et les décisions inhérentes.

Enfin, le chapitre 11 prépare à l'hypothèse d'une **intelligence artificielle générale (AGI)**. Non comme un mythe lointain, mais comme un *stress test* stratégique qui pourrait accélérer et radicaliser tout ce que vous aurez mis en place jusque-là.

Ce plan n'est pas là pour vous rassurer. Il est là pour vous armer. Chaque chapitre apporte des grilles d'analyse, des méthodes et des exemples concrets pour que vous puissiez agir dès maintenant, dans votre contexte, sans attendre un plan parfait qui viendrait de l'extérieur.

f. À qui s'adresse cet ouvrage ?

Ce livre s'adresse à celles et ceux qui ont des décisions IA sur la table et qui savent qu'attendre n'est plus une option. Que vous soyez dirigeant, manager ou expert métier, vous y trouverez les repères et les méthodes pour cohabiter intelligemment avec les intelligences autonomes — et garder l'avantage.

Ce livre est volontairement imparfait. Il laisse de côté certains sujets, simplifie parfois des réalités complexes, et n'épuise pas un champ en constante évolution. Mais comme dans tout travail d'ingénierie, il faut à un moment mettre le produit sur le marché, l'exposer au regard critique, et le faire progresser. Je compte sur les lecteurs pour en pointer les limites, en challenger les choix, et contribuer à en enrichir la suite.

1. L'IA : un outil de plus ou une nouvelle révolution industrielle ?

Scène d'ouverture.

*Le comité de direction commence. Sur l'écran, un tableau de bord généré par un agent d'IA**. Personne ne l'a demandé. Personne ne l'a validé. Il s'est branché sur les données du CRM*, a réécrit les priorités du trimestre et a classé les projets en trois colonnes : à tuer, à accélérer, à réorganiser.*

Silence dans la salle. Un manager chuchote : « Qui a décidé ça ? » Personne ne répond. Le système l'a fait. Et il avait les bons arguments.

---

* L'explication de ce terme, ainsi que de tous ceux repérés par un astérisque, figure dans l'annexe, « Tout ce que vous avez toujours voulu savoir sur l'IA (sans jamais oser le demander) », en fin d'ouvrage (rappel).

a. La quatrième vague : ce que Toffler avait pressenti (et que nous n'avons pas voulu voir)

> « Chaque société est façonnée par la manière dont elle produit, partage et traite l'information. »
>
> Alvin Toffler, *La Troisième Vague*

Je me souviens encore très précisément du moment où j'ai lu *La Troisième Vague.* J'étais étudiant, curieux, un peu bousculé. Ce livre m'a marqué parce qu'il ne parlait pas simplement de technologie ou d'économie. Il parlait de civilisation. De vagues. De dynamiques longues. La troisième vague, celle de l'information, succédait à l'ère industrielle comme l'ère industrielle avait succédé à l'ère agraire. À chaque fois, une société s'effondrait, une autre émergeait, avec ses codes, ses outils, ses élites, ses fractures.

Toffler nous alertait déjà sur un phénomène fondamental : les technologies évoluent plus vite que nos structures mentales, nos institutions et nos organisations. C'est ce décalage — ce *future shock* — qui crée le chaos. Aujourd'hui, ce choc est de retour. Et cette fois, la vague est cognitive. Comme le rappelait Toffler, « Les analphabètes du XXIe siècle ne seront pas ceux qui ne savent pas lire ou écrire, mais ceux qui ne savent pas apprendre, désapprendre et réapprendre ». La vitesse à laquelle nous saurons le faire déterminera si cette vague nous portera… ou nous engloutira.

b. Ce qui change vraiment : une nouvelle répartition des tâches

Toutes les révolutions industrielles ont délégué une capacité clé de l'humain à une force extérieure :

- la première a délégué la force physique à la machine à vapeur ;
- la deuxième a délégué l'endurance productive aux systèmes électrifiés et automatisés ;
- la troisième a délégué la mémoire et la transmission de l'information au numérique.

L'intelligence artificielle, désormais, commence à déléguer le raisonnement lui-même.

Et cette révolution ne ressemble pas aux précédentes :

- elle est invisible : pas de machines bruyantes. Seulement des lignes de code qui prennent des décisions ;
- elle est transverse : elle traverse les frontières métiers, RH, IT, juridique, finance, marketing ;

– elle est asymétrique : elle crée un écart brutal entre les entreprises prêtes… et les autres.

Le rôle des directions d'entreprise est fondamental pour impulser et incarner ce changement.

On dit souvent que l'intelligence artificielle « accompagne » l'humain. C'est faux : elle arbitre. Elle filtre, trie, organise, déclenche. Elle prend une série de microdécisions qui, mises bout à bout, produisent des effets réels dans l'entreprise.

Et le plus souvent… sans que personne ne les relise.

Cette redistribution prépare une nouvelle division du travail, où la question centrale ne sera plus qui fait quoi, mais qui décide quoi. Et si l'AGI advient, elle jouera le rôle de *stress test* ultime : mettre à l'épreuve votre capacité à gouverner une intelligence qui apprend, décide et s'adapte plus vite que vos équipes. Les entreprises qui auront clarifié leurs zones de délégation et d'arbitrage garderont la main. Les autres seront dépassées avant même de comprendre pourquoi.

L'IA n'est pas un outil. Ce n'est pas un système. C'est une redistribution silencieuse du pouvoir.

c. L'IA n'est plus un outil : c'est un acteur

Pendant des années, on a voulu se rassurer : l'IA n'est qu'un outil. Comme Excel, comme un CRM, comme un moteur de recherche malin.

Mais ce n'est plus vrai. Nous sommes entrés dans l'ère des intelligences autonomes — au sens opérationnel : des systèmes qui ne se contentent pas de répondre, mais qui observent, adaptent, priorisent, décident et agissent.

Un agent d'intelligence artificielle moderne ne suit pas un script figé. Il ajuste son comportement, anticipe, boucle sur ses propres actions pour atteindre un objectif. Ce n'est plus un simple assistant. C'est un collègue invisible, un coéquipier cognitif. Et il commence déjà à redessiner l'entreprise, discrètement, processus par processus.

Dans de nombreuses organisations, les équipes des technologies de l'information (IT) ont migré vers la plateforme d'automatisation de flux de travail ServiceNow et déployé la fonctionnalité Now Assist pour gérer les incidents critiques. Ce qui a commencé comme un moteur de transcriptions et de réponses automatiques est devenu un système d'incident management autonome. Aujourd'hui, l'agent d'IA :

- détecte et analyse les alertes en temps réel via des flux de données systèmes ;
- qualifie chaque incident, attribue une priorité, identifie le bon expert et déclenche une première résolution automatique ;
- rédige ensuite un rapport de synthèse détaillé, avec des recommandations, sans intervention humaine.

L'agent intelligent est devenu un point de décision automatique, intégré au cœur du processus métier, avec des actions exécutoires sans supervision continue.

d. Une rupture mal comprise… mais déjà en cours

La plupart des dirigeants que je rencontre utilisent ChatGPT, testent des copilotes, font des essais ponctuels. Mais ils ne perçoivent pas encore la nature profonde du changement. Ce n'est pas une interface, ni une couche cosmétique. Il s'agit d'une réinvention des processus métiers. Un glissement du comment vers le pourquoi. C'est l'arrivée de nouveaux agents d'intelligence artificielle dans les chaînes de valeur humaines.

Et ce qui rend cette révolution si dangereuse, c'est qu'elle peut donner l'illusion de l'action… alors que votre organisation est peut-être déjà en train de la rater.

Dans une entreprise industrielle, un directeur administratif et financier (DAF) montre son copilote d'IA générative : il résume les rapports. Pendant ce temps, une startup de 20 personnes a un agent d'IA qui compile les données, les aligne avec les prévisions, génère une synthèse, déclenche des alertes. Le premier gagne deux heures. Le second a changé sa structure de *reporting*. Ce n'est pas une question de technologie. C'est une question de posture et de décisions financières associées.

e. L'heure des arbitrages a sonné

Le véritable enjeu, ce n'est pas « comprendre l'IA ». C'est comprendre ce que vous êtes prêts à déléguer — et à qui.

Quels processus doivent être repensés ? Qui est responsable de ce que fait un agent ? Qui fixe les seuils d'autonomie ? Quelle architecture pouvez-vous mettre en place pour accueillir des coéquipiers cognitifs ? Qui a la vision globale d'un bout à l'autre des différents process d'entreprise ?

Car, pendant que certains testent encore des outils, d'autres sont déjà en train de transformer en profondeur leur manière de produire, de recruter, de vendre, de piloter. Et pendant que vous expérimentez un copilote en marketing, un concurrent implémente un agent qui reconfigure son modèle économique.

Cette révolution ne vous attendra pas. Elle avance sans totem ni projecteurs. Elle se joue à bas bruit. Mais chaque jour perdu creuse l'asymétrie.

Allez-vous laisser les intelligences autonomes redessiner votre entreprise sans vous ?

Voici une proposition d'échelle de maturité :

Niveau	**0**	**1**
Nom du stade	Spectateur	Explorateur
Posture dominante	Curiosité distante, prudence, attentisme.	Enthousiasme technologique, goût du test.
Signes visibles	Veille passive, discussions informelles, initiatives individuelles dispersées, aucun cas d'usage métier concret.	Projets pilotes isolés, fascination pour les assistants IA, premiers cas d'usage simples sans mesure d'impact, absence de sponsor clair.
Clé de passage	Reconnaître que l'IA impacte toutes les fonctions et engager un premier cadrage collectif.	Passer de l'expérimentation à l'alignement métier et à l'intégration dans un process existant.

2	3	4
Optimiseur local	Architecte cognitif	Entreprise augmentée
Recherche de gains ciblés, optimisation ponctuelle.	Délégation raisonnée et structurée.	Hybridation fluide entre humains et IA.
Automatisations dans une équipe, économies visibles, agents non interconnectés, gouvernance embryonnaire.	Déploiement à l'échelle sur plusieurs métiers, workflows repensés, supervision et indicateurs.	Agents intégrés aux processus critiques, modèle organisationnel repensé, gouvernance distribuée.
Construire une vision transversale et une architecture évolutive qui relie les initiatives.	Standardiser, industrialiser et préparer la montée en autonomie des agents d'IA.	Préparer l'adaptation continue face aux évolutions rapides, y compris l'AGI.

Révolution IA

2. L'IA générative* vous répond, l'IA* agentique décide

a. Si votre « agent » attend encore vos *prompts*… ce n'est pas encore un vrai agent.

Trop d'entreprises annoncent avoir déployé des agents. En réalité, ce sont des scripts bien ficelés, des assistants qui obéissent mais ne décident pas. La confusion est totale et elle coûte cher.

Car, entre IA générative et IA agentique, il y a un monde. Un monde de posture, d'architecture, de maturité. Et surtout, un monde de conséquences sur la manière dont on travaille, dont on décide, et dont on transforme.

Cette confusion est insidieuse. Elle donne l'impression de progresser — on gagne quelques minutes, on impressionne en démo — alors qu'on se contente d'automatiser le monde d'hier. On croit avoir changé de jeu… on accélère seulement l'ancien.

Ce chapitre trace une ligne claire : assistant ou agent, copilote ou coéquipier autonome. Et il pose une question simple, mais décisive : votre IA prépare-t-elle vraiment l'avenir… ou ne fait-elle que perfectionner le passé ?

b. L'IA générative : le copilote individuel

L'intelligence artificielle générative (GenAI pour *generative artificial intelligence*), c'est l'outil le plus visible, celui qui a fait irruption dans les navigateurs, les messageries, les *slides*, les environnements de travail.

Elle fonctionne sur un mode interactif : un utilisateur humain formule une requête (un *prompt**) à un LLM* (*large language model*), un modèle entraîné sur d'immenses volumes de données, qui génère une réponse. Le bénéfice est immédiat : gain de temps, augmentation individuelle, assistant généraliste.

Mais cette puissance cache un angle mort : elle reste réactive. Sans *prompt*, rien ne se passe. Sans humain, aucune initiative. Le LLM est un stagiaire génial…

mais qui attend vos ordres. Et qui peut, parfois, « halluciner ». Ou oublier ce qu'il a fait cinq minutes plus tôt.

La tentation est grande de croire qu'on transforme l'entreprise alors qu'on ne fait que gagner 15 minutes par jour. C'est le paradoxe de la GenAI : elle offre un potentiel intéressant, mais à condition de ne pas s'arrêter à elle.

c. IA agentique : le système autonome

> « *Un agent vraiment autonome n'est pas un meilleur outil, c'est un véritable collaborateur.* »[1]
>
> Yann LeCun

L'IA agentique change radicalement de logique. Il ne s'agit plus de solliciter un outil, mais de déléguer une mission à un système intelligent.

Un agent autonome ne se contente pas de répondre à une requête. Il reçoit un objectif, explore les moyens de l'atteindre, agit, apprend, réajuste.

---

[1] « Un agent véritablement autonome n'est pas un meilleur outil. C'est un type de collaborateur différent. » Citation extraite du podcast de Lex Fridman « *Yann Lecun : Meta AI, Open Source, Limits of LLMs, AGI & the Future of AI* », 7 mars 2024.

C'est une logique en boucle fermée : objectif → action → feed-back → réajustement. Un processus vivant. Qui peut fonctionner sans sollicitation constante. Qui s'intègre à votre système d'information. Qui collabore avec vos équipes.

Ce changement de niveau suppose une réflexion architecturale, organisationnelle, culturelle. Il requiert aussi un cadre de gouvernance, un modèle de confiance, un dialogue entre métiers et technologie. Mais surtout, il demande de faire de la place à une forme d'autonomie non humaine dans l'organisation.

d. Exemple : recruter avec l'IA générative versus recruter avec un agent d'IA

Imaginez que vous deviez recruter un profil clé. Avec l'IA générative, vous pouvez ouvrir votre navigateur, rédiger une offre d'emploi en quelques secondes, résumer rapidement les CV reçus, préparer une série de questions d'entretien. Vous gagnez du temps, vous structurez vos idées, vous affinez vos messages. Mais chaque étape dépend encore de vous. Rien ne se passe si vous ne lancez pas la commande.

Avec un agent autonome, la scène change complètement. Dès que le manager exprime son besoin, l'agent recueille les détails du poste, va sourcer les candidats sur vos canaux habituels, applique automatiquement vos critères de notation, relance ceux qui n'ont pas répondu, et prépare une *shortlist* directement dans votre outil de gestion des candidatures. Pendant ce temps, vous êtes déjà sur un autre sujet.

La différence est simple : avec la GenAI, vous pilotez toutes les actions. Avec un agent d'IA, vous déléguez un objectif… et il s'exécute, vous rendant la main uniquement quand vous lui demanderez de rendre la main.

e. Un changement de posture managériale

Passer de l'AI générative à l'IA agentique, ce n'est pas une simple évolution technique. C'est une transformation du rôle du manager lui-même.

Avec la GenAI, vous pilotez un outil : vous posez les questions, vous contrôlez le résultat. C'est un prolongement de votre action. Avec un agent intelligent, vous pilotez une dynamique : vous fixez un cap, vous structurez un mandat. Le reste vous échappe partiellement — et c'est voulu. L'efficacité vient de là.

Ce basculement demande une maturité nouvelle : accepter de ne pas tout comprendre, de ne pas tout décider, et pourtant de rester responsable. Ce n'est pas une perte de contrôle. C'est une montée en complexité du *leadership*. Le manager d'aujourd'hui ne peut plus tout valider. Il doit apprendre à orienter, à superviser… mais aussi à concevoir des environnements de confiance pour ces intelligences non humaines. Et si vos managers n'étaient pas prêts à déléguer à des entités qui apprennent plus vite qu'eux ?

f. Évaluez votre cas d'usage*

Ne vous évaluez pas « en général » : choisissez un cas d'usage précis (recrutement, support client, maintenance, finance…) et positionnez-le dans chaque dimension. Ce score dira si ce projet est resté au stade de l'IA générative ou s'il a basculé dans l'IA agentique.

Dimension Nature

Points	Status
1	Outil purement réactif, agit uniquement sur demande
2	Outil qui enchaîne quelques tâches simples
3	Système capable d'initiatives limitées dans un cas d'usage
4	Système proactif dans un périmètre restreint
5	Entité proactive intégrée aux processus clés

Dimension Usage

Points	Status
1	Interaction ponctuelle via des *prompts*
2	Suit des *workflows* simples prédéfinis
3	Participe à un processus plus large avec supervision forte
4	Boucle fermée sur un processus défini
5	Boucle fermée autonome, multiprocessus et ajustable

Dimension Intégration

Points	Status
1	*Plug-in* ou interface isolée
2	Connecté à un outil métier unique
3	Connecté à plusieurs outils sans orchestration
4	Intégré dans un SI avec orchestration limitée
5	Connecté en profondeur au SI, orchestrant plusieurs systèmes

Dimension Impact

Points	Status
1	Gains locaux sans effet sur l'organisation
2	Optimisation ponctuelle d'une tâche critique
3	Réduction mesurable sur un processus
4	Transformation visible d'un processus clé
5	Transformation structurelle de plusieurs processus

Dimension Capacité d'apprentissage

Points	Status
1	Aucune mémoire persistante
2	Mémorisation limitée à la session
3	Apprentissage manuel par ajustement humain
4	Amélioration progressive basée sur les retours
5	Apprentissage cumulatif, optimisation continue

Dimension Autonomie

Points	Status
1	Toujours déclenché par un humain
2	Agit sur des tâches simples en autonomie
3	Déclenche certaines actions récurrentes
4	Gère un processus avec supervision ponctuelle
5	Agit en continu, escalade[2] selon des règles définies

[2] Escalader (néologisme informatique). Transférer une demande de support client à une personne plus compétente. (Wiktionnaire)

Dimension Gouvernance

Points	Status
1	Contrôle uniquement à la demande
2	Relecture ponctuelle sans cadre formel
3	Supervision périodique avec règles de base
4	Supervision intégrée et traçabilité partielle
5	Supervision native avec traçabilité complète

Total : ___/35

Barème :

- 8 à 14 → Cas d'usage de type explorateur de l'IA générative : gain local, pas de transformation.
- 15 à 25 → Cas d'usage hybride : progrès visibles mais structure fragile.
- 25 à 35 → Cas d'usage de type architecte de l'IA agentique : autonomie et intégration fortes.

g. Changer de vitesse… ou changer de jeu

L'IA générative vous aide à aller plus vite. L'IA agentique vous oblige à aller plus loin.

Comprendre la différence entre les deux, ce n'est pas du pinaillage sémantique. C'est la boussole qui vous indique si vous gagnez du temps… ou si vous redessinez votre manière de travailler.

Utiliser la GenAI, c'est bien. Concevoir un agent autonome, c'est mieux. Lui faire une place dans vos processus, dans vos outils, dans votre gouvernance ? C'est là que la transformation commence.

Car l'enjeu n'est pas de jouer avec l'intelligence artificielle. L'enjeu est de travailler avec elle. Et cela commence par savoir à qui vous parlez : à un assistant… ou à un coéquipier autonome.

Si vous ne faites pas cette différence aujourd'hui, l'AGI se chargera de la faire pour vous demain. Et dans cette course, il n'y aura pas de place pour ceux qui confondent vitesse… et changement de niveau.

3. Votre plateforme informatique est-elle prête à faire tourner une IA ?

(Pas pour impressionner. Pour exécuter.)

a. Introduction – On ne part pas d'une feuille blanche, mais on ne peut plus faire semblant.

Après avoir posé ce qu'est réellement une intelligence agentique, il est temps de descendre d'un cran. Il ne s'agit plus de rêver, mais de construire. Car un agent autonome n'existe pas dans le vide. Il a besoin d'un environnement prêt à l'accueillir. Et aujourd'hui, peu d'organisations peuvent vraiment l'exécuter.

Tout le monde veut des agents, mais qui a compris qu'un agent intelligent n'est pas uniquement un agent conversationnel ? Dans 80 % des cas, les agents n'ont ni accès aux données, ni moyens d'agir, ni ne sont intégrés dans les outils. Ce ne sont pas des agents d'IA. Ce sont des hallucinations* en costume-cravate.

Le vrai sujet n'est pas de générer. Le vrai sujet est d'exécuter. Et pour exécuter, il faut une architecture. Pas un *prompt*.

Vous avez des données, des outils, des systèmes, un CRM, un système d'information sur les ressources humaines (SIRH), des projets « IA » dans les cartons. Mais aujourd'hui, la vraie question est ailleurs : votre plateforme permet-elle à une IA de travailler réellement dans vos flux métier ? Une IA pas pour faire de la démo, pas pour une expérimentation de surface mais une IA qui agit, qui apprend, qui interagit avec vos systèmes.

Et là, beaucoup découvrent que leur infrastructure observe, mais ne peut pas exécuter.

b. Des données mobilisables — pas parfaites, mais utilisables

Le véritable carburant de l'IA ne se trouve pas dans des bases de données parfaitement structurées. Il est dispersé dans les divers contenus du quotidien : verbatims, tickets, appels, entretiens, CV… Ce sont ces informations, souvent non structurées, qui contiennent le contexte, l'intention, la nuance. Bref, tout ce qui permet à une IA de faire son travail intelligemment.

Grâce à la GenAI, il est désormais possible de structurer ces données a posteriori, en les transformant en vecteurs et en les rendant interrogeables de manière sémantique. Comme le rappelle le chercheur américain Andrew Y. Ng :

> « Si les modèles sont les moteurs, alors les données sont le carburant. Et ce carburant est souvent sale, dispersé… ou inexploitable. »[3]

Ces données non structurées sont essentielles pour une raison simple : elles contiennent le contexte, l'intonation, la sensibilité — tout ce qu'un tableau Excel ne saura jamais exprimer. Ce niveau de compréhension est impossible à gérer dans les systèmes traditionnels. Et pourtant, c'est là que se joue l'efficacité réelle de l'IA dans l'entreprise.

Ce qui compte n'est donc pas la perfection du format, mais l'accessibilité et la capacité d'exploitation en situation réelle.

---

[3] Source Twitter.

c. Des systèmes qui permettent d'agir — pas seulement de consulter

Une IA n'a pas d'effet si elle ne peut rien faire. Elle ne sert pas à conseiller ou à suggérer dans un coin de PowerPoint. Elle doit pouvoir agir dans vos systèmes métiers : lire une base client, créer une fiche, déclencher une relance automatique.

Pourquoi cela bloque-t-il souvent ? Parce que la plupart des systèmes d'information ont été conçus pour des humains, pas pour des agents numériques. Les IA n'ont souvent pas accès aux bonnes données en temps réel, ne disposent pas des droits nécessaires pour interagir avec les outils, ou ne peuvent pas orchestrer plusieurs actions de bout en bout.

Pour qu'une IA puisse vraiment agir, il faut d'abord que les systèmes exposent des points d'entrée clairs et activables : des interfaces techniques ou API* (pour *application programming interface*) documentées et compréhensibles. L'agent doit pouvoir être identifié, avec des droits, comme un utilisateur classique. Il doit aussi pouvoir enchaîner ses actions dans un cadre logique et piloté. Enfin, il faut que tout cela soit compréhensible, testé et maintenable.

Exemple : Salesforce, la solution de gestion de la relation client, illustre bien ce que signifie être « agent-compatible ». Sa force ne réside pas dans une intelligence supérieure, mais dans le fait de combiner une base de données consolidée avec des API activables.

d. Une supervision claire — parce que l'IA doit rendre des comptes aussi

Dès que votre IA fait autre chose que générer un paragraphe sympa, elle entre dans vos flux vitaux : décisions opérationnelles, interactions client, données RH, processus financiers. Elle ne se contente plus de suggérer, elle agit. Et dès qu'elle agit, elle engage la responsabilité de l'entreprise.

Ce que vous ne pouvez pas expliquer, vous ne pouvez pas le déléguer. Et ce que vous ne pouvez pas corriger, vous ne le contrôlez pas.

La supervision, ce n'est pas un rapport mensuel. C'est la capacité à suivre, comprendre et reprendre la main quand c'est nécessaire. Elle doit être lisible par les métiers, actionnable par les responsables, et visible par les régulateurs au besoin.

Sans supervision ? Vous avez un agent aveugle. Ou pire : une bombe silencieuse dans vos systèmes.

Exemple : un copilote RH qui ne voyait pas les données de paie générait des réponses approximatives, inutiles, voire risquées. Résultat :

l'équipe l'a abandonné, et le métier est reparti sur Excel.

e. Cybersécurité : un prérequis invisible

On parle beaucoup de données et d'API, mais la question de la cybersécurité est tout aussi déterminante. Une plateforme n'est pas « *agent-ready* » si elle expose ses flux à des modèles non maîtrisés, si elle ouvre des API sans cloisonnement, ou si elle ne trace pas les accès. Chaque connecteur, chaque *plug-in*, chaque compte utilisateur devient une porte d'entrée potentielle. L'IA n'invente pas de nouveaux risques : elle élargit brutalement la surface d'attaque. Une technologie de l'information « prête pour l'IA » n'est donc pas seulement performante : elle est durcie, supervisée et capable de réagir en temps réel.

f. Pas besoin d'une plateforme parfaite. Simplement d'une plateforme qui permet de faire.

L'IA agentique n'a pas besoin que vous repartiez de zéro. Elle n'attend pas une refonte complète de votre système d'information. Mais elle a besoin d'un terrain praticable. Praticable pour accéder à l'information utile, agir dans vos systèmes, être comprise, suivie, corrigée si besoin.

L'IA générative a contourné vos silos. L'IA agentique vous oblige à les ouvrir.

Et si l'entreprise américaine Salesforce est en avance, ce n'est pas parce qu'ils ont une technologie magique. C'est parce qu'ils ont compris que l'IA n'est pas un *plug-in*. Que c'est un opérateur. Et qu'un opérateur, ça se branche sur une plateforme qui exécute.

L'heure n'est plus à expérimenter. Elle est à industrialiser.
Et pour industrialiser… il faut une plateforme qui permet d'exécuter.

Exécuter aujourd'hui, préparer demain.

Aujourd'hui, l'enjeu est clair : donner à vos agents d'IA la capacité de travailler vraiment dans vos flux métier : pas de données inaccessibles, pas de systèmes verrouillés, pas d'agent qui regarde sans agir.

Mais demain, la barre va monter. Les agents intelligents ne seront plus isolés dans un service : ils coopéreront, s'orchestreront, se relaieront entre départements, voire entre entreprises. L'architecture qui suffit aujourd'hui pour un agent isolé sera lacunaire pour un réseau d'agents interconnectés.

Cela veut dire

- penser dès maintenant le déploiement technique et organisationnel,
- anticiper la gestion simultanée d'agents aux missions variées,
- prévoir des protocoles de collaboration entre humains et intelligences autonomes multiples,
- mettre en place une supervision capable de s'adapter à des interactions qu'on ne peut pas toutes prévoir.

Exécuter aujourd'hui, c'est optimiser la vitesse et la fiabilité de vos premiers agents d'IA.

Exécuter demain, c'est concevoir un terrain de jeu où ces agents pourront évoluer, coopérer, et se renforcer mutuellement sans exploser vos silos… ni votre gouvernance.

L'IA agentique n'échoue pas dans les modèles. Elle échoue dans les plateformes qui ne savent ni exposer leurs données, ni autoriser l'action, ni superviser ce qui s'exécute.

Une organisation « prête pour l'IA » n'est pas celle qui expérimente le plus, mais celle qui a accepté de rendre ses processus lisibles, exécutables et traçables par des entités non humaines.

Tant que cette condition n'est pas remplie, l'IA générative restera un accélérateur local. La transformation restera hors de portée.

Révolution IA

4. IA générative : coup de fouet immédiat… et tremplin vers une transformation durable

a. L'effet coup de fouet : pourquoi l'IA générative séduit et accélère

La GenAI a connu un décollage que même ses créateurs n'avaient pas anticipé. En quelques mois, elle est passée du statut de curiosité à celui de compagnon de travail universel. Les chiffres sont vertigineux : plus de 700 millions d'utilisateurs hebdomadaires, des milliards de requêtes chaque jour. Jamais une technologie n'avait pénétré le monde du travail avec une telle vitesse.

Ce succès tient à une promesse simple : *faster*, *cheaper*, *easier*. Plus rapide, car elle délivre une réponse quasi instantanée là où un humain aurait eu besoin de minutes ou d'heures. Moins coûteuse, car elle réduit le temps nécessaire à produire un contenu ou analyser un document. Plus simple, parce qu'elle se présente sous la forme la plus naturelle : une conversation.

Ce triptyque ne relève pas du gadget. Il libère de la bande passante mentale, enlève du chemin les tâches répétitives, fluidifie la journée de travail. Et il déclenche un réflexe rare : la curiosité technologique. Même les collaborateurs les plus prudents se surprennent à tester, à chercher, à imaginer de nouveaux usages.

b. Quand l'assistant devient un réflexe

Au départ, l'usage est ponctuel : un e-mail reformulé, un texte résumé, un tableau synthétisé. Mais très vite, le réflexe s'installe. On n'ouvre plus un document pour écrire de zéro : on commence par « voir ce que l'IA propose ». On ne relit plus seul une note : on la fait relire par le copilote. On ne traduit plus en cherchant un dictionnaire : on demande la version adaptée au contexte.

Ce basculement n'est pas anodin. Il marque l'entrée de l'IA générative dans les automatismes professionnels. Les phrases « Je vais demander à l'IA » ou « Je vérifie avec l'IA » deviennent aussi banales que « Je passe un coup de fil » ou « Je fais un e-mail ». Dans certaines équipes, c'est presque un langage partagé.

La conséquence ? Un gain diffus, parfois invisible mais cumulatif. Quelques minutes gagnées ici, une tâche simplifiée là… et, sur une année, l'équivalent de journées entières économisées pour se concentrer sur autre chose.

c. Le point de bascule : de l'outil individuel à l'acteur intégré

Pourtant, cette puissance reste souvent confinée à l'échelle individuelle. L'intelligence artificielle générative est utilisée en solo, sans intégration dans les processus collectifs. Elle accélère, mais elle ne transforme pas. Le processus reste identique ; seul le rythme change.

Or, il existe un seuil invisible, celui où la GenAI cesse d'être un outil isolé pour devenir une pièce du système. Ce seuil se franchit quand :

- l'IA est connectée aux données métiers,
- elle s'intègre dans les outils quotidiens,
- ses productions sont partagées et capitalisées par l'équipe, et surtout quand

– les utilisateurs ont confiance dans l'IA.

À ce moment-là, l'IA générative ne se contente plus d'aider : elle coordonne, homogénéise, enrichit. Elle cesse d'être un gain local pour devenir un levier d'organisation. Mais tant qu'elle reste cantonnée au bureau de chaque collaborateur, son effet est limité.

d. Les angles morts : ce que l'IA générative ne fait pas (encore)

Les critiques sur la GenAI oublient souvent une vérité : ses limites actuelles sont moins techniques qu'organisationnelles. Trois angles morts reviennent sans cesse.

1. L'absence d'intégration métier : sans connexion aux outils internes, la GenAI reste en dehors des flux vitaux.
2. Pas de mémoire collective : chacun apprend seul, avec ses prompts et ses résultats, sans mutualisation.
3. Pas de sponsor identifié : sans portage au niveau managérial, l'usage se disperse et s'essouffle.

C'est ce que Bain & Company, cabinet international de conseil en stratégie et management, appelle le *microproductivity trap*[4] : l'illusion de la transformation par accumulation de gains marginaux. On croit avoir franchi un cap alors qu'on a seulement optimisé les gestes existants. La GenAI n'est pas responsable de ce piège : c'est notre incapacité à la mettre en contexte qui le crée.

e. Activer le plein potentiel de l'IA générative

Pour sortir de cet écueil, il ne s'agit pas de « forcer » les usages, mais de créer les conditions où ils deviennent structurels :

- ancrer dans un objectif concret : pas de déploiement sans problème identifié et mesurable ;
- connecter aux données et aux outils : la valeur est multipliée quand l'IA voit et agit dans le système métier ;
- mettre un sponsor métier en première ligne : c'est lui qui légitime, incarne, accélère et pérennise ;

---

4 « Unsticking Your AI Transformation », brief de Chuck Witten, Sarah Elk, Florian Mueller et Richard Fleming sur le site www.bain.com (consulté le 29-10-2025).

– installer une boucle de retour : bibliothèque de *prompts* partagée, indicateurs simples, feed-back*s* réguliers.

Quand ces conditions sont réunies, la GenAI ne se contente plus d'accélérer. Elle commence à homogénéiser la qualité, à réduire les frictions, à fluidifier les échanges… et à préparer le terrain pour des formes d'autonomie plus avancées.

f. IA générative : promesses et pièges

Promesse	**Réalité terrain**	**Risque si elle est mal cadrée**	**Clé pour transformer**
Gain de temps immédiat (mails, résumés, présentations)	L'individu produit plus vite	Illusion de productivité, pas de transformation, pas de réalisation des gains	Connecter aux outils et données métiers
Accessibilité universelle (tout le monde peut tester)	Adoption rapide et spontanée	Usages sauvages, fuite de données sensibles ; abandon progressif	Encadrer par des règles simples et claires
Créativité démultipliée	Idées générées à foison	Vision parcellaire sans réalisation des gains	Capitaliser les meilleures pratiques collectives
Coût marginal faible	Expérimentation à grande échelle	Prolifération d'outils sans gouvernance	Centraliser dans un cadre plateforme

g. Et si on allait plus loin ?

L'IA générative est un coup de starter inégalé dans l'histoire de l'intelligence artificielle. Elle a brisé le plafond psychologique qui en freinait l'adoption. Elle a prouvé que l'IA pouvait être simple, utile, intuitive. Elle a donné aux équipes le goût de la vitesse.

Mais la vitesse n'est pas la destination. Ce que l'IA générative a ouvert, l'IA agentique peut l'amplifier, en passant d'un assistant qui attend la sollicitation à un acteur qui prend des initiatives, s'adapte, collabore.

Si la GenAI est le moteur qui propulse, l'IA agentique est le système qui pilote. La première nous a appris à aller vite. La seconde nous obligera à décider où nous voulons aller — et à accepter que, parfois, ce soit elle qui trouve la meilleure route.

5. Transformer avec l'IA agentique

a. Un nouveau moteur de transformation

Il y a une décennie, la transformation digitale rimait avec ERP[5], CRM, cloud, *mobile-first.* Aujourd'hui, le paysage a basculé. L'IA agentique ne se contente pas d'automatiser ou d'augmenter : elle transforme la nature même du travail, des processus et des modèles d'organisation. Un changement de niveau comme on en rencontre rarement dans une vie professionnelle.

Cette nouvelle vague transmue l'entreprise de l'intérieur, à un rythme sans précédent. Non pas à

---

[5] Un logiciel ERP (de l'anglais *enterprise resource planning*), aussi appelé progiciel de gestion intégré, est un logiciel de planification des ressources d'une entreprise pour centraliser et automatiser ses processus métiers.

coups de schémas directeurs quinquennaux, mais par diffusion virale, par usage, par expérimentation sur le terrain. L'accélération est telle qu'elle déjoue les logiques classiques de pilotage. Et surtout, elle déplace le pouvoir. Ce ne sont plus uniquement les technologies de l'information ou les métiers qui tiennent la manette. Ce sont les agents intelligents eux-mêmes qui, en apprenant, proposent, escaladent, modifient les processus.

Transformer avec l'IA agentique, ce n'est pas simplement lancer un programme IA de plus. C'est accepter un mouvement itératif, distribué, et très opérationnel — où le rôle du top management n'est plus de construire, mais de cadencer. Ce ne sont pas les entreprises les plus intelligentes qui vont dominer, mais celles qui seront capables d'innover à grande échelle, avec rapidité et rigueur.

Et avec l'IA agentique, cette rigueur ne passe plus seulement par le contrôle, mais par l'orchestration.

b. Le bon agent au bon endroit

Tous les agents intelligents ne se valent pas. Et toutes les tâches ne justifient pas un agent. Le véritable enjeu n'est pas de déployer vite, mais de déployer bien. Trop d'initiatives échouent faute d'avoir posé clairement la question : à quel moment un agent est-il pertinent ?

On pourrait croire que tout agent est bon à prendre. C'est faux. Un agent a un coût (en supervision, en design, en sécurité). Et il n'apporte pas de valeur s'il se contente de faire ce qu'un bon script ou une automatisation simple ferait aussi bien. Un bon agent, c'est un agent nécessaire — là où la complexité, l'incertitude, le volume ou la fréquence de la tâche le justifient.

C'est ici qu'intervient une grille d'analyse agentique, mêlant trois dimensions :

- le niveau d'autonomie requis (réflexion, décision, escalade) ;
- la nature du flux (structurellement instable, fortement répétitif, ou très dépendant du contexte) ;
- la criticité métier (conséquence pour le client, valeur économique, risque associé).

Quand choisir un agent ?

Critère	Indicateur de pertinence agentique
Complexité de la tâche	Forte variabilité, logique de cas multiples, besoin de prise de décision
Fréquence ou volume	Tâches quotidiennes ou à très fort volume
Incertitude contextuelle	Nécessité d'adapter à des *inputs* non structurés ou changeants
Autonomie requise	Nécessité d'agir sans supervision constante
Coût d'erreur	Faible ou modéré (favorise l'expérimentation agentique)
Capacité d'apprentissage	Performance croissante avec itération
Acceptabilité métier	Interaction naturelle, peu de disruption des habitudes

c. Apprendre en marchant : le changement par l'action

La grande erreur avec l'IA agentique, c'est de croire qu'il faut attendre que tout soit parfait pour la lancer. Pendant que vous alignez vos comités, que vous peaufinez vos spécifications, un concurrent déploie déjà un agent en mode minimal viable… et commence à apprendre.

Un agent intelligent n'est pas un produit fini : c'est un organisme dynamique. Plus il agit, plus il comprend le contexte, plus il affine ses décisions. C'est dans l'usage réel — pas dans les *slides* — que sa valeur se construit. À l'inverse, un agent inactif se fige. Il reste théorique. Il finit obsolète avant même d'avoir servi.

C'est une loi simple : chaque semaine sans action est une semaine d'apprentissage perdue. La clé, ce n'est pas la perfection initiale, mais la boucle d'apprentissage.

1. Déployer vite dans un environnement réel.
2. Capturer chaque interaction.
3. Ajuster en continu.

Les systèmes intelligents apprennent par interaction continue avec leur environnement. La véritable autonomie se construit par l'expérience, pas par l'ingénierie seule.

La question n'est donc pas : est-il prêt à agir ? La question est : êtes-vous prêts à le faire apprendre ?

d. Une symbiose plus qu'un projet

Déployer un agent intelligent n'est pas une fonctionnalité de plus dans un *backlog*[6]. C'est une

---

[6] Le *backlog* est un terme informatique qui définit une liste de fonctionnalités prioritaires à travailler pour mettre au point un produit

nouvelle relation de travail. Et si vous la traitez comme un projet classique, vous la tuez dans l'œuf.

Un agent d'IA ne vit pas dans un coin de l'IT. Il doit être adopté par le métier, challengé par les utilisateurs terrain, coaché par ceux qui comprennent la donnée, et intégré dans les routines de l'organisation. La bonne équipe n'est pas un organigramme théorique. Elle se compose idéalement de :

- un sponsor métier qui porte le problème à résoudre et tranche vite ;
- un *product owner* qui vit avec l'agent au quotidien et en ajuste le comportement ;
- un expert IA qui sait optimiser les modèles et orchestrer les flux ;
- un utilisateur terrain qui détecte les micro-erreurs avant qu'elles ne deviennent systémiques.

Si vous n'avez pas une personne pour chaque rôle, ce n'est pas grave mais il faut que ces rôles existent !

Et surtout, cette équipe doit aller vite. Pas de déploiement « en attente de validation » pendant six mois, pas de réunion pour « faire le point » toutes les

---

ou un service informatique. Au contraire d'un cahier des charges, le *backlog* est évolutif : il se construit tout au long de la vie d'un produit.

quatre semaines. Un agent d'IA, comme un nouveau collaborateur, doit produire dès la première semaine.

Le mode idéal ? En doublure et en mode court : l'agent agit, un humain valide. Chaque erreur est corrigée, chaque bonne décision est confirmée. Quatre semaines au maximum. Sinon, vous êtes en train de le former à l'inaction.

Un agent inactif est comme un sportif qui s'entraîne sans jamais jouer de match : il perd le rythme, et vous perdez votre avantage.

e. Encadrer sans brider

L'autonomie ne veut pas dire la liberté totale. Un agent efficace sait ce qu'il peut faire seul, ce qu'il doit faire valider, et ce qui lui est interdit. Ce cadre doit être clair dès le départ — sinon, vous aurez soit un agent paralysé, soit un agent incontrôlable.

La supervision n'est pas une option. Pas de « lancer et oublier », pas de « on verra au prochain comité ». C'est un suivi hebdomadaire au début, avec trois objectifs.

1. Repérer les dérives silencieuses* avant qu'elles ne deviennent coûteuses.
2. Affiner les paramètres à partir de situations réelles.
3. Enrichir la mémoire de l'agent avec des exemples validés.

La traçabilité est votre filet de sécurité. Un agent intelligent doit pouvoir expliquer ce qu'il a fait, pourquoi il l'a fait, et à partir de quelles données. Sans cela, impossible de corriger, de prouver sa conformité… ou de lui garder la confiance des équipes.

Rappelez-vous : un agent trop bridé devient inutile. Un agent trop libre devient imprévisible. Votre rôle est d'orchestrer ce fragile équilibre — et de le réviser régulièrement.

f. Piloter dans la durée

Le vrai test n'est pas le jour du *go-live*. Il a lieu trois mois plus tard. Quand l'agent tourne, que les équipes s'y sont habituées… et que l'attention commence à baisser.

C'est là que surgit le vrai risque : l'érosion silencieuse. L'agent continue à fonctionner, mais plus personne ne le challenge. Il n'apprend plus. Il devient lentement obsolète. Et perd la confiance de votre équipe.

Il faut donc surveiller trois choses (et définir les indicateurs qui permettent de les suivre) :

- les signaux faibles* : baisse d'usage, hausse des escalades, retours utilisateurs dégradés ;

- les erreurs récurrentes : souvent, elles ne sont pas techniques, mais contextuelles ;
- le comportement de l'agent : est-il encore utile ? est-il encore pertinent ? est-il encore utilisé ?

Un agent autonome n'est pas un outil. C'est un système vivant. Il faut l'écouter, le faire progresser, le confronter à la réalité. Sinon, il meurt. Lentement. Sans bruit.

g. Cybersécurité agentique : piloter sans ouvrir la boîte de Pandore

Avec l'IA générative, l'essentiel du risque provenait de gestes isolés : un collaborateur qui copie un document sensible dans un chatbot, un manager qui branche un *plug-in* sans vérifier ses droits d'accès. Avec l'IA agentique, la donne change radicalement. Ici, ce n'est plus l'utilisateur qui dérape ponctuellement, c'est un agent qui agit en continu, avec une autonomie réelle, dans vos systèmes critiques.

Les menaces sont multiples :

- ***prompt* injections et manipulations contextuelles** : un agent peut être induit en erreur et exécuter des ordres malveillants ;

- **exfiltration de données sensibles** : un agent qui lit, résume ou transmet de l'information peut devenir une faille de confidentialité ;
- **autorisations trop étendues** : un agent disposant de droits trop larges peut, par erreur ou par attaque, outrepasser son périmètre ;
- **chaînes d'agents compromises** : dans un système interconnecté, un seul agent contaminé peut propager l'erreur ou l'attaque à l'ensemble du réseau.

Sécuriser l'IA agentique ne consiste pas à ajouter une couche de contrôle a posteriori. C'est un ***design principle*** qui inclut les pratiques suivantes :

- **principe du moindre privilège** : un agent ne doit disposer que des droits nécessaires, rien de plus ;
- **surveillance native** : chaque action doit être tracée et corrigeable ;
- **tests d'adversité** : simuler des attaques pour détecter les failles avant qu'elles ne soient exploitées ;
- **isolation :** éviter qu'un agent compromis ne contamine tout le système.

La cybersécurité agentique est donc indissociable de la gouvernance. Sans elle, la promesse d'autonomie devient une boîte de Pandore. Avec elle, au contraire, l'IA agentique peut devenir un moteur fiable de transformation, capable d'opérer au cœur des flux critiques sans fragiliser la confiance de votre équipe.

Comme le cloud hier, l'IA agentique ne s'imposera pas sans une « cyberhygiène » radicalement renforcée. Le passage à l'autonomie doit donc s'accompagner d'un nouvel état d'esprit : penser la sécurité comme un **système vivant**, au même titre que l'organisation hybride qu'il protège.

h. Une industrie disruptée par l'IA agentique : l'industrie logicielle

L'industrie du logiciel est en première ligne. Car les agents ne sont pas seulement des outils d'intelligence artificielle, ce sont des artefacts logiciels capables de modifier eux-mêmes le logiciel.

Hier, on développait en *sprints*[7]. Aujourd'hui, un agent peut lire du code, proposer une réécriture du code, tester, déployer, observer les effets et s'adapter. Il ne suit pas un cahier des charges. Il poursuit un objectif.

---

[7] En développement logiciel, un *sprint* est un rassemblement de personnes impliquées dans un projet afin de se concentrer sur le développement de ce projet. Un *sprint* dure en général de deux à sept jours. (Source Wikipédia.)

Cela suppose des architectures radicalement modulaires. Une culture d'orchestration. Et des développeurs qui deviennent des chefs d'orchestre d'agents plutôt que des programmeurs de lignes de code.

La répercussion économique est majeure : support, assurance qualité, conformité, documentation, incidents… tout devient « scalable », à condition de bien gouverner les modèles. Pour les développeurs, ce n'est pas une menace, c'est un changement de rôle.

i. ServiceNow : l'autodisruption

L'entreprise américaine de logiciels ServiceNow ne vend pas seulement des agents. Elle en utilise des centaines. Et en 2024, cela a représenté 350 millions de dollars de gains internes pour ServiceNow, avec :

- un temps de traitement support réduit de 54 % ;
- 18 % des tickets simples résolus sans humain ;
- des demandes internes traitées en huit secondes (versus quatre jours sans agent) ;
- une productivité globale accrue, un *backlog* réduit.

Mais surtout, ServiceNow a compris qu'un agent pouvait court-circuiter son propre produit. Si d'autres créaient des agents pour piloter l'IT sans son interface, il devenait inutile. Alors, ServiceNow a intégré les agents dans sa plateforme. Ils se sont autodisruptés avant d'être disruptés.

Résultat : une stratégie cumulative où chaque agent libère des capacités, accélère les autres, et transforme la plateforme en un système auto-apprenant.

Ce qu'il ne faut pas faire :

- déléguer sans monitorer : l'agent « tourne », mais plus personne ne le regarde. Il dérive en silence ;
- penser que la technique suffit : un agent non compris, non intégré, finit ignoré ;
- ne pas écouter les signaux faibles : baisse d'usage. Retour au manuel. Ce ne sont pas des bugs, ce sont des alertes.

Un agent mal piloté n'est pas neutre. Il détruit la confiance. Et la confiance, elle, ne se reconstruit pas avec une mise à jour.

Et les détracteurs ?

Le psychologue, scientifique cognitif Gary Marcus, l'ingénieur en intelligence artificielle François Chollet et d'autres alertent sur les illusions d'intelligence. Ils ont raison : un agent mal conçu, mal encadré, peut devenir un problème. Mais les agents ne sont pas là pour penser. Ils sont là pour agir. Et ils le font. Déjà. Partout. Le débat est utile. L'inaction, non.

j. Conclusion – Passer de l'IA contemplée à l'IA déployée

L'IA agentique n'est plus un sujet d'innovation. C'est un sujet d'exécution. Ceux qui déploient avancent. Les autres commentent.

Un agent ne vaut que s'il est utilisé, challengé, intégré. Il ne suffit pas de faire un PoC brillant. Il faut l'ancrer dans les flux, le faire monter en charge, accepter qu'il apprenne en marchant.

Transformer avec l'IA agentique, ce n'est pas coder plus. C'est travailler autrement. De manière plus distribuée, plus rapide, plus intelligente. Voyons en détail comment réussir son projet agentique !

6. Réussir son projet agentique

a. La revanche du process : pas d'agent sans standardisation

Pendant longtemps, les organisations ont appris à se méfier des processus.

Ils incarnaient la rigidité, la lenteur, une bureaucratie héritée d'un autre âge. À mesure que l'agilité devenait une valeur cardinale, le process était toléré, rarement revendiqué. L'intelligence humaine compensait ce que l'organisation n'avait pas pris le temps de formaliser.

Ce modèle a tenu tant que l'humain restait au centre de l'exécution. Tant que des individus expérimentés savaient interpréter les règles, gérer les exceptions, absorber les incohérences et arbitrer dans l'instant.

Le système fonctionnait parce que l'intelligence humaine comblait les angles morts de l'organisation.

L'IA agentique change radicalement la donne. Non parce qu'elle est rigide, mais parce qu'elle raisonne autrement.

Un agent n'exécute pas mécaniquement une suite d'instructions. Il explore, il infère, il génère des hypothèses. Son raisonnement est probabiliste, contextuel, parfois surprenant. Mais cette capacité de génération ne lui donne pas accès à l'intelligence informelle de l'entreprise. Il ne perçoit ni les non-dits, ni les compromis tacites, ni les règles implicites que les équipes ont appris à manier avec l'expérience.

L'agent raisonne dans l'espace qui lui est explicitement donné. Lorsque cet espace n'est pas clairement borné, sa puissance devient erratique plutôt qu'efficace. Là où l'humain ajuste spontanément son comportement, l'agent explore toutes les possibilités offertes par le cadre, même lorsque ce cadre est incomplet ou ambigu.

Là où un collaborateur sait intuitivement quand ralentir, quand contourner une règle ou quand demander un arbitrage, l'agent explore des options possibles à partir de ce qui a été formalisé. Il ne se trompe pas par manque d'intelligence, mais par excès de liberté dans un cadre insuffisamment explicité.

C'est ici que le mythe de l'agilité absolue s'effondre, L'IA agentique ne tolère pas les processus implicites. Elle exige une rigueur nouvelle, non bureaucratique, mais structurante. Une rigueur qui ne vise pas à contraindre l'action, mais à la rendre délégable sans la rendre incontrôlable.

L'ingénierie des processus change alors de statut. Elle n'est plus un exercice de documentation a posteriori. Elle devient le **code source de l'entreprise**. Décrire un processus, ce n'est plus raconter comment les choses se font aujourd'hui ; c'est décider comment elles devront se faire demain, y compris lorsque des entités non humaines prendront le relais de l'exécution.

b. La checklist : les dix facteurs clés de succès

Lorsqu'un agent échoue en production, ce n'est presque jamais à cause de la technologie, mais parce que l'organisation n'était pas prête à lui déléguer l'action. Ces dix facteurs constituent une grille de lecture pour évaluer cette maturité.

1. La clarté du déclencheur

Un agent agit toujours en réponse à un événement précis. Tant que cet événement n'est pas explicitement défini, l'agent hésite, agit trop souvent ou trop tard. Ce qui paraît évident pour un humain reste ambigu pour une machine. Clarifier le déclencheur revient à décider à quel moment l'organisation accepte de déléguer l'initiative.

2. La capacité réelle d'action dans le système d'information

La question centrale n'est pas la sophistication de l'agent, mais ce qu'il est réellement capable de faire. Un agent qui observe sans agir reste périphérique. Un agent capable d'intervenir dans les systèmes engage directement l'organisation. La profondeur d'intégration conditionne la portée de l'agent et le niveau d'exigence en matière de gouvernance.

3. La disponibilité du contexte

Un agent privé de contexte devient imprévisible. Sans accès à l'information pertinente, qu'elle soit structurée ou issue d'interactions passées, il explore un espace de solutions trop large et compense par des approximations. Là où l'humain se souvient, la machine infère. La qualité d'un agent dépend moins de la perfection des données que de leur accessibilité au moment de l'action.

4. La définition de l'intention

Un agent n'exécute pas un script figé ; il optimise dans un espace probabiliste. Encore faut-il que l'intention soit claire. Si les arbitrages — vitesse, qualité, coût, conformité — ne sont pas explicités, l'agent les fera seul, de manière cohérente, mais pas nécessairement conforme aux attentes implicites.

5. L'isolation de la responsabilité

Aucun agent ne fonctionne durablement sans responsabilité clairement assumée. Tant qu'aucune personne ou fonction n'est explicitement comptable de ses actions, la confiance ne s'installe pas. L'agent devient orphelin. Définir la responsabilité n'est pas défensif ; c'est une condition de pilotage et d'amélioration continue.

6. La boucle de rétroaction humaine

L'humain n'est pas là pour surveiller l'agent, ni pour refaire son travail. Il est là pour lui apprendre. Chaque correction devrait enrichir le système et réduire la probabilité de la même erreur. Sans boucle de rétroaction, l'agent répète, puis déçoit.

7. Le coût et l'impact business

Un agent n'a de sens que s'il crée de la valeur mesurable. Le sujet n'est pas uniquement son coût, mais l'impact réel produit sur le business : gain de temps, amélioration de la qualité, réduction du risque, accélération de la décision. L'autonomie doit être justifiée par un impact tangible et durable.

8. La confidentialité et la conformité

Dès qu'un agent agit, il lit, écrit et transmet. Chaque action élargit mécaniquement la surface de risque. La sécurité et la conformité ne peuvent pas être traitées a posteriori. Elles doivent être intégrées dès la conception du processus.

9. La métrique de succès

Un agent sans critère de réussite ne progresse pas. Il fonctionne, mais personne ne sait s'il s'améliore réellement. Mesurer ne consiste pas uniquement à suivre une performance brute, mais aussi à observer les signaux faibles : contournements, doutes, perte de confiance. C'est souvent là que naissent les dérives silencieuses.

10. L'adhésion de l'équipe

Enfin, aucun agent ne survit sans l'adhésion de ceux qui travaillent avec lui. Un agent perçu comme une menace, un outil de contrôle ou un jugement permanent sera rejeté, parfois sans conflit ouvert. L'adoption n'est pas un sujet culturel secondaire. C'est une condition de survie opérationnelle.

c. Standardiser pour pouvoir agir

L'IA agentique ne pose pas d'abord un problème technologique.

Elle pose un problème d'exécution et de responsabilité.

Déléguer l'action à un agent suppose que l'organisation ait clarifié ses processus, ses arbitrages et ses zones de responsabilité. Pas pour les figer, mais pour les rendre explicites. Pas pour brider l'autonomie, mais pour la rendre maîtrisable.

L'agent ne remplace pas le manager. Il l'oblige à faire son véritable travail : décider ce qui peut être délégué, expliciter ce qui ne l'est pas, et assumer les conséquences.

La standardisation n'est pas un retour en arrière. Elle est la condition pour faire agir des agents **sans renoncer à gouverner**.

Tant que les règles restent implicites, l'organisation délègue sans décider. Et déléguer sans décider, ce n'est pas de l'autonomie : c'est une abdication silencieuse.

Rendre un processus explicite, ce n'est pas le figer. C'est le rendre **délégable**, **auditable** et **pilotable** dans un collectif où l'action n'est plus exclusivement humaine.

d. De l'impact opérationnel à la valeur économique

L'IA agentique pose une question que beaucoup d'organisations préfèrent encore contourner : non pas ce que la technologie permet de faire, mais ce qu'elle change réellement dans l'économie interne de l'entreprise. Tant que l'IA est abordée comme un outil d'automatisation ou d'assistance, la valeur est mesurée en gains locaux, en minutes économisées, en tâches allégées. Avec l'agentique, cette grille de lecture devient insuffisante, car ce qui est en jeu n'est plus une amélioration marginale de l'existant, mais une modification plus profonde de la manière dont les décisions sont prises, enchaînées et exécutées.

La valeur économique de l'IA agentique ne se crée pas d'abord par la suppression de coûts visibles, mais par la réduction de coûts beaucoup plus diffus et pourtant déterminants : le coût du retard, le coût de la mauvaise décision, le coût de la désynchronisation entre les acteurs, humains comme non humains. Dans une organisation traditionnelle, une part significative de la valeur se perd non pas parce que les décisions sont mauvaises, mais parce qu'elles arrivent trop tard, parce qu'elles reposent sur une information incomplète, ou parce qu'elles sont prises isolément, sans être réajustées en continu à la réalité du terrain. L'agentique agit précisément sur ces frictions invisibles, en permettant une prise de décision plus rapide, plus contextuelle, et surtout plus réversible.

En introduisant des agents capables d'observer, de proposer, d'agir et d'apprendre dans des périmètres clairement définis, l'organisation réduit mécaniquement la latence entre l'intention et l'action. Ce raccourcissement n'est pas seulement opérationnel ; il est économique. Une décision prise plus tôt, même imparfaite, vaut souvent mieux qu'une décision parfaite prise trop tard. De la même manière, une décision ajustée en continu coûte presque toujours moins cher qu'une décision figée, suivie de longues phases de correction et de rattrapage. L'IA agentique crée ainsi de la valeur en transformant la temporalité même de l'organisation.

Cette dynamique a un effet direct sur la qualité globale du système. En réduisant le nombre de reprises, d'escalades inutiles et de validations humaines tardives, l'agentique diminue ce que l'on pourrait appeler le coût de non-qualité organisationnelle : ces efforts invisibles consacrés à réparer, expliquer, justifier ou corriger ce qui aurait pu être ajusté plus tôt. Là encore, la valeur ne se mesure pas uniquement en économies immédiates, mais en fluidité retrouvée, en fatigue organisationnelle réduite et en capacité accrue à absorber la complexité sans s'effondrer sous son propre poids.

Un autre levier économique majeur réside dans la réallocation du travail humain. En confiant aux agents des tâches d'observation continue, de tri, de préqualification ou de coordination, l'organisation ne remplace pas le travail humain ; elle en modifie la nature. Les humains sont moins sollicités pour exécuter ou surveiller, et davantage mobilisés pour exercer leur jugement, arbitrer des situations complexes, construire des relations de confiance et assumer des responsabilités que l'automatisation ne peut ni porter ni légitimer. Cette réallocation est économiquement décisive, car elle conditionne à la fois la productivité réelle, l'engagement des équipes et la capacité de l'organisation à retenir ses talents dans la durée.

À ce stade, il devient clair que la valeur créée par l'IA agentique n'est pas la somme de gains locaux isolés, mais le résultat d'une transformation systémique. Ce qui change, ce n'est pas seulement la performance d'un processus, mais la dynamique globale par laquelle l'organisation apprend, s'ajuste et se synchronise. L'économie interne devient plus adaptative, moins rigide, et donc plus résiliente face à l'incertitude. C'est précisément cette capacité d'adaptation continue qui constitue, à terme, un avantage compétitif durable.

e. Comment rendre la valeur économique pilotable ?

La difficulté, lorsqu'on aborde la valeur économique de l'IA agentique, n'est pas tant de la reconnaître que de la rendre pilotable sans la réduire à des indicateurs simplistes. Beaucoup d'organisations commettent l'erreur de transposer mécaniquement les métriques classiques de l'IT ou de l'automatisation, en comptant le nombre d'agents déployés, le volume de conversations traitées ou les coûts de calcul engagés, alors que ces chiffres disent peu de la valeur réellement créée. Piloter l'agentique exige au contraire de déplacer le regard vers la dynamique des décisions et la qualité des enchaînements entre intention, action et ajustement.

Concrètement, la première question opérationnelle à se poser n'est pas combien d'agents ont été déployés, mais quels types de décisions l'organisation a accepté de confier à des agents, et dans quelles conditions. Chaque décision déléguée, même partiellement, engage un niveau de risque, de responsabilité et de valeur potentielle différent. Une organisation mûre sur le plan agentique est une organisation capable de cartographier ces décisions, de distinguer celles qui peuvent être prises de manière autonome, celles qui doivent rester sous supervision humaine, et celles qui relèvent encore pleinement du jugement humain.

Cette cartographie n'est pas figée ; elle évolue avec l'expérience, les données accumulées et la confiance construite dans le système.

La valeur économique devient alors pilotable lorsque l'on observe comment ces décisions se traduisent dans le fonctionnement réel de l'organisation. Une décision plus rapide, mais mal ajustée, peut dégrader la qualité globale ; une décision plus lente, mais mieux contextualisée, peut au contraire créer plus de valeur à terme. Le pilotage consiste donc à suivre la latence décisionnelle, non comme un objectif en soi, mais comme un signal à mettre en regard de la qualité des résultats obtenus et du niveau d'intervention humaine nécessaire pour corriger ou compléter l'action de l'agent. C'est dans cet équilibre, et non dans la maximisation d'un indicateur isolé, que se joue la performance.

Sur le plan opérationnel, cela implique de rendre visibles des phénomènes qui étaient jusqu'ici diffus ou implicites. Lorsqu'un agent agit, il doit être possible de comprendre dans quel contexte la décision a été prise, sur quelles informations elle s'appuie, et à quel moment une intervention humaine est survenue. Non pour surveiller ou sanctionner, mais pour apprendre. Chaque reprise humaine, chaque correction tardive, chaque escalade non anticipée est un signal économique : elle indique une zone où la valeur attendue n'a pas été pleinement réalisée, soit par manque de contexte, soit par une délégation mal calibrée.

Exemple opérationnel — Quand la valeur devient visible

Prenons un exemple volontairement simple, mais révélateur. Dans une organisation de services, une partie significative de l'activité repose sur des décisions de qualification et d'orientation : comprendre une demande, l'associer au bon périmètre, déclencher la bonne action, puis ajuster en fonction des retours. Historiquement, ces décisions sont fragmentées, partagées entre plusieurs équipes, et souvent ralenties par des validations successives, chacune cherchant à sécuriser son propre périmètre. Le coût économique ne se situe pas tant dans la décision elle-même que dans le temps perdu, les reprises multiples et les incompréhensions qui s'accumulent entre les acteurs.

Lorsqu'un agent est introduit dans ce type de chaîne décisionnelle, la question n'est pas de lui confier immédiatement une autonomie totale, mais de lui déléguer un premier niveau d'analyse et d'orientation, sous supervision explicite. L'agent observe la demande entrante, mobilise le contexte disponible, propose une qualification et une action associée, puis déclenche le processus correspondant. Dans les premiers temps, une part importante de ces décisions est revue ou corrigée par des humains, non parce que l'agent se trompe massivement, mais parce que l'organisation apprend à formuler ses règles implicites, ses exceptions et ses critères de qualité.

C'est précisément à ce moment que la valeur économique commence à devenir lisible. Chaque reprise humaine signale une zone d'ambiguïté ou de désalignement, non pas du point de vue technique, mais du point de vue métier. Certaines corrections révèlent que le contexte fourni à l'agent est insuffisant ; d'autres montrent que la décision déléguée était trop complexe pour le niveau d'autonomie accordé ; d'autres encore mettent en lumière des incohérences déjà présentes dans l'organisation, mais jusque-là compensées par l'intelligence informelle des équipes. L'agent ne crée pas ces problèmes ; il les rend visibles.

Au fil des itérations, l'organisation ajuste le périmètre de délégation, enrichit le contexte accessible à l'agent et clarifie ses propres critères de décision. Certaines décisions deviennent plus rapides et plus fiables, avec moins d'interventions humaines, tandis que d'autres sont volontairement réattribuées à des circuits humains plus riches, car l'expérience montre que la valeur y est supérieure. La performance ne progresse pas de manière linéaire, mais par paliers successifs, à mesure que le système apprend où l'autonomie crée réellement de la valeur, et où elle en détruit.

Dans cet exemple, la valeur économique ne se manifeste pas d'abord par une baisse immédiate des effectifs ou une réduction spectaculaire des coûts, mais par une diminution progressive des délais, une meilleure cohérence des décisions et une réduction du nombre de reprises coûteuses. Les équipes passent moins de temps à corriger, expliquer ou rattraper, et davantage de temps à traiter des situations complexes ou relationnelles, là où leur intervention est réellement différenciante. C'est cette réallocation silencieuse de l'effort, plus que l'automatisation brute, qui constitue le cœur de la création de valeur agentique.

Enfin, gouverner l'IA agentique revient à instaurer une discipline nouvelle : celle d'un pilotage continu de la valeur, où chaque décision déléguée, chaque interaction automatisée et chaque reprise humaine sont analysées non comme des événements isolés, mais comme les manifestations concrètes d'un modèle économique en transformation. C'est à ce prix que l'agentique cesse d'être une promesse et devient un levier durable de performance.

Transition vers le pilotage hybride

Une fois les processus clarifiés, standardisés et rendus exécutables par des agents, une nouvelle question s'impose naturellement : comment piloter durablement une organisation où l'action n'est plus exclusivement humaine.

L'IA agentique ne remplace ni la décision ni la responsabilité. Elle redistribue les rôles. Certaines décisions sont déléguées, d'autres restent humaines, beaucoup deviennent partagées. La question n'est plus seulement ce que fait l'agent, mais comment humains et agents coexistent, se supervisent et se corrigent mutuellement.

C'est cette nouvelle forme de gouvernance, ni totalement automatisée ni strictement humaine, que nous appelons le **pilotage hybride**. Un pilotage où la performance ne se mesure plus uniquement à l'exécution, mais à la capacité collective à garder le contrôle, à maintenir la confiance et à arbitrer dans un système devenu partiellement autonome.

Le chapitre suivant explore précisément cette frontière : comment organiser, gouverner et piloter un collectif hybride, où agents et humains partagent désormais la charge, les décisions et la responsabilité.

7. Vers un nouveau pilotage hybride

a. Illusion de maîtrise*, dérive silencieuse

« L'agent est sous contrôle. »

Cette phrase revient souvent, rassurante, définitive. Comme si l'autonomie pouvait se cocher dans un tableau Excel.

Mais que signifie vraiment « piloter » un système qui apprend seul, adapte son comportement, évolue dans des contextes mouvants, interagit sans demander la permission ?

Dans bien des cas, les entreprises croient avoir cadré leurs agents… alors qu'elles ont simplement documenté leur déploiement. Charte éthique, comité d'IA responsable logs (journaux de bord) techniques, check-list de conformité, tout semble balisé.

Et pourtant, quand on regarde de près, l'agent agit sans rétrocontrôle. Les managers ne savent pas quand l'humain reprend la main. Les indicateurs clés de performance (KPI pour *key performance indicator*) mesurent l'usage, pas la dérive. La gouvernance est au sommet, pendant que l'action est au cœur des processus.

C'est là que réside le vrai risque : non pas dans l'agent qui agit, mais dans l'organisation qui cesse de piloter, précisément parce qu'elle croit le faire.

Le prochain chapitre partira de ce constat. L'IA agentique ne se pilote pas comme un outil, ni même comme un projet. Elle appelle un nouveau type de pilotage, distribué, vivant, incarné.

Ce pilotage n'est pas un contrôle sur les agents, mais une orchestration du système hybride dans lequel ils évoluent.

b. Gouverner les agents ? Non, gouverner l'hybride

À mesure que les agents gagnent en autonomie, une question émerge dans toutes les organisations : qui doit en assurer le pilotage ?

Faut-il laisser la main à la direction des systèmes d'information, garante de l'architecture ? confier le sujet à la data, experte des modèles ? ou rendre le métier responsable, au nom de la valeur générée ?

En réalité, cette question est mal posée.

Car le sujet n'est pas l'agent. Le véritable enjeu, c'est la gouvernance du système hybride : la coordination fluide, efficace et transparente entre les humains, les agents et les systèmes dans lesquels ils s'insèrent.

Un agent autonome n'est pas un simple assistant ou un *plug-in*. C'est un acteur partiel du processus décisionnel, capable d'initiative, de priorisation, d'apprentissage. Mais c'est aussi une entité sans conscience du contexte global ni des finalités stratégiques.

Comme le rappelle Yann LeCun :

> « *A machine may learn by itself, but it should never decide by itself why to learn.* »[8]

Autrement dit, l'agent sait faire, mais ne sait pas pourquoi il fait. Il agit dans un cadre qu'il ne peut ni questionner, ni redéfinir.

---

[8] « Une machine peut apprendre par elle-même, mais elle ne devrait jamais décider par elle-même pourquoi apprendre. » Citation extraite du podcast de Lex Fridman « *Yann LeCun : Meta AI, Open Source, Limits of LLMs, AGI & the Future of AI* », *ibid.*

Ce cadre, c'est à l'entreprise de le poser. Et plus précisément : au métier.

C'est donc au niveau business que doivent se situer les choix structurants, qui doivent être définis au travers des interrogations suivantes :

- pourquoi confier telle mission à un agent autonome ?
- quelles sont les règles de confiance, les paliers de délégation, les niveaux d'autonomie, les protocoles d'intervention humaine ?
- quelle est la valeur attendue, et comment l'évaluer ?
- quelle place laisse-t-on à l'humain dans la boucle ?

Ce pilotage ne peut être délégué ni à la tech, ni à la data, ni à un comité transverse. Il relève de la ligne managériale. C'est elle qui porte la responsabilité des répercussions sur le produit — y compris lorsque ces retombées sont générées par une entité non humaine.

Il est essentiel ici de clarifier un malentendu fréquent : le rôle des comités dits « *Responsible AI* » n'est pas opérationnel. Ces structures ont une utilité régalienne : elles définissent des principes, alertent sur les risques systémiques, valident les orientations globales. Mais elles ne pilotent pas le quotidien des agents dans les processus métiers. Or, Confondre gouvernance stratégique et supervision opérationnelle, c'est prendre le risque de laisser des agents sans pilote déclaré — ou, pire, avec trop de pilotes qui se renvoient la balle.

Gouverner l'IA agentique, ce n'est donc pas désigner un « propriétaire technique » ou un « champion éthique ». C'est organiser la responsabilité collective autour d'un agent intelligent qui opère, apprend, interagit… et parfois se trompe.

Et dans cette organisation, une chose est claire : seul le métier est en capacité de piloter l'hybride, car lui seul peut juger de l'équilibre entre autonomie, performance et acceptabilité. Tout comme hier le métier décidait de ce qu'il fallait automatiser puis robotiser ou non.

Ce que l'agent fait techniquement est important. Mais ce qu'il change dans la manière de travailler — et dans les relations entre humains et systèmes — est encore plus décisif.

c. Boucle de rétroaction – *Feedback loop** : piloter ce que l'on ne peut pas prédire

Les systèmes classiques — ERP, scripts automatisés, moteurs de règles — sont prévisibles. On conçoit une logique, on l'implémente, on contrôle son exécution. L'erreur y est l'exception, la conformité, la norme.

Avec l'IA agentique, cette logique ne tient plus.

Un agent autonome agit selon des probabilités, apprend de ses interactions, adapte son comportement à un contexte mouvant. Ce qu'il produit est parfois juste, souvent utile, mais rarement strictement prévisible. Il peut surprendre, décaler, explorer. Et c'est précisément ce qu'on attend de lui.

Mais cette imprévisibilité utile a un prix : elle rend obsolètes les modèles de contrôle traditionnels.

Dans un tel contexte, il ne s'agit plus de valider ce que le système aurait dû produire. Il s'agit d'observer ce qu'il a produit, de l'évaluer a posteriori, puis d'agir en retour.

La *feedback loop* devient alors le cœur du pilotage. Ce n'est plus un mécanisme de correction en bout de chaîne. C'est une architecture active de supervision, d'apprentissage et de confiance. Elle permet à l'humain de reprendre la main sans tout redéfinir, de recadrer sans brider, d'enrichir l'agent sans l'annuler.

Piloter un agent, ce n'est pas cliquer sur « rejeter » ou « valider ». C'est savoir :

- qui donne du feed-back à l'agent ;
- sous quelle forme il le fait ;

– comment ce feed-back est traité ;
– s'il est pris en compte dans les itérations suivantes ;
– si l'on peut tracer qui est intervenu, où et pourquoi.

Cela implique des dispositifs techniques (interfaces, logs, annotations), mais aussi une organisation claire : qui est responsable d'ajuster l'agent quand il dérive ? Sans réponse à cette question, la boucle reste ouverte. Et l'agent… continue sans cadre.

Dans les systèmes déterministes, la confiance vient du contrôle. On sait ce que le système va produire, car on l'a conçu pour cela.

Dans l'IA agentique, la confiance vient de la régulation. On accepte de ne pas tout maîtriser *ex ante*, à condition de pouvoir :

– comprendre ce qui a été fait,
– corriger ce qui doit l'être,
– apprendre de ce qui s'est produit.

Cette logique n'est pas laxiste. Elle est adaptative en apprentissage continu.

Elle ne renonce pas à la qualité. Elle l'obtient par d'autres moyens : la transparence, la traçabilité, l'ajustement progressif.

> **Un agent qui agit sans retour est un automate imprudent.**
> **Un agent intégré dans une boucle de rétroaction est un collaborateur augmenté.**

Dans une organisation mature, la *feedback loop* n'est pas une option. C'est l'infrastructure invisible qui autorise l'autonomie, sans sacrifier la responsabilité.

d. Intégrer les agents dans les processus... et les piloter autrement

Dans les premières vagues de déploiement, beaucoup d'entreprises ont traité les agents comme des modules additionnels : on les connecte, on leur assigne une tâche, et on mesure ce qu'ils produisent. Mais cette logique «*plug and play*» atteint vite ses limites.

Un agent autonome n'est pas un simple maillon : c'est une nouvelle pièce vivante dans la mécanique du processus.

Historiquement, l'industrialisation a vu naître les bureaux des méthodes : ces équipes qui standardisaient les tâches, définissaient les cadences, et s'assuraient que chaque étape de la chaîne de production était optimisée. Avec l'IA agentique, il faut opérer un saut similaire — mais inversé : non pas figer le processus, mais le rendre plastique pour qu'il absorbe la variabilité et l'initiative des agents.

Cela suppose trois changements majeurs :

1. **concevoir pour la cohabitation**
Le processus n'est plus une ligne droite, mais un maillage.
On y prévoit des points d'interaction, des zones d'escalade, des « sas » où l'humain peut intervenir. Les agents sont intégrés dès la modélisation, avec leurs limites et leurs points forts.
2. **piloter avec les bons KPI**
Les indicateurs classiques (temps de traitement, volume, taux d'erreur) ne suffisent pas. Il faut suivre des métriques propres aux agents :

– taux d'escalade vers l'humain,

– régularité des décisions sur des cas similaires,

– capacité à apprendre d'un feed-back,

– diversité des solutions proposées.

Ces KPI deviennent des capteurs de dérive autant que de performance.
3. **relier en permanence avec la** ***feedback loop***
Le pilotage en temps réel est impossible sans boucle de retour active. Chaque sortie d'agent est un signal — positif ou négatif — qui doit enrichir la compréhension collective et ajuster le paramétrage. Dans certains cas, cela passe par des

sessions d'« entraînement in vivo » avec les équipes.

Un processus intégrant des agents autonomes ne doit pas chercher à éliminer toute incertitude. Il doit l'orchestrer. C'est cette orchestration — et non le seul paramétrage initial — qui crée la valeur et sécurise la confiance.

e. Redéfinir les rôles dans une organisation augmentée

Intégrer des agents, ce n'est pas seulement modifier un organigramme technique : c'est **redistribuer les responsabilités**.

Dans une organisation augmentée, trois cercles cohabitent :

- l'humain, qui décide du sens (la finalité, la stratégie, les arbitrages majeurs) ;
- l'agent, qui exécute avec une autonomie locale dans un cadre défini ;
- l'infrastructure, qui garantit la cohérence et la sécurité.

Cela impose de clarifier qui fait quoi à chaque étape :

- quand l'agent prend-il l'initiative ?
- quand l'humain intervient-il ?

– qui a la responsabilité finale d'un acte ou d'une décision ?

Sans cette clarification, les zones grises prolifèrent : les humains pensent que l'agent gère, l'agent attend l'humain, et le client… attend tout court.

La redéfinition des rôles n'est pas un luxe et la compréhension holistique des processus non plus ! C'est une condition de survie organisationnelle. Et c'est aussi une opportunité : dans les entreprises qui l'ont menée sérieusement, on voit apparaître des « binômes augmentés » — un humain et un agent travaillant en miroir, chacun tirant parti des forces de l'autre.

f. Manager dans l'hybride : chef d'équipe augmenté, pas contourné

Le manager intermédiaire est souvent présenté comme **le maillon faible** des transformations : chargé de porter le changement tout en étant directement exposé aux effets déstabilisants de ce changement sur son propre rôle.

Avec l'IA agentique, cette tension devient frontale. Un manager qui ne comprend pas ce que fait l'agent, qui ne sait pas en exploiter les données, ou qui n'a plus de prise sur le flux de travail… perd sa légitimité.

Et un manager déclassé est un risque : il freine, contourne, ou se replie.

Le manager hybride doit évoluer vers un rôle d'orchestrateur de confiance :

- il ne « contrôle » plus au sens strict ;
- il supervise un collectif mixte humain-agent ;
- il garantit la fluidité, la cohérence et l'équité du travail distribué.

La sociologie du travail augmenté (développée par les sociologues Antonio Casilli, Dominique Boullier ou Pascal Ughetto) nous éclaire ici : elle montre que l'introduction de technologies intelligentes ne remplace pas la coordination humaine, elle la déplace. Les gestes managériaux — écoute, arbitrage, priorisation — restent indispensables, mais ils se combinent avec de nouvelles compétences : interpréter des signaux produits par l'IA, ajuster des paramètres, lire des logs comme on lit un tableau de bord humain.

Le défi n'est donc pas de contourner le manager, mais de l'augmenter. Un chef d'équipe capable de comprendre l'agent et de l'intégrer dans le collectif deviendra lui-même un atout stratégique. Celui qui se contente d'observer… sera vite contourné.

g. Orchestration continue, gouvernance distribuée

Une fois les rôles clarifiés, le pilotage ne peut pas se figer. L'agent apprend, les contextes changent, les équipes bougent. Le pilotage doit donc devenir un processus vivant.

Quatre mouvements le caractérisent.

1. **Observation permanente** : capter les signaux faibles, pas seulement les anomalies.

2. **Ajustement incrémental** : modifier un paramètre sans reconstruire tout le système.

3. **Responsabilité distribuée** : le pilotage n'est pas centralisé dans un seul service, mais partagé dans toutes les zones où l'agent agit.

4. **Transparence partagée** : chacun, humain ou agent, opère dans un contexte compréhensible par les autres.

C'est ce maillage vivant qui sécurise la trajectoire d'un système hybride sur la durée.

Et après ? Les signaux faibles d'un pilotage en mutation

Ce chapitre a posé les bases d'un nouveau pilotage hybride. Mais dans la Silicon Valley, certains pionniers dessinent déjà une rupture plus profonde.

1. **L'agent, membre de l'équipe**
   Chez GitHub, Notion ou Adept, l'agent est intégré comme un coéquipier digital avec un rôle, un périmètre et des interactions sociales. Le pilotage devient social autant que technique.

2. **Le pilotage en flux continu**
   Chez Figma ou Replit, le pilotage se fait dans le flux, par des feed-back distribués, non pas en comité mensuel. La gouvernance devient un réflexe collectif.

3. **Les managers opérateurs**
   Dans les startups intégrant AutoGen ou Langchain, le manager orchestre un collectif hybride et ajuste le système en direct, comme un chef d'orchestre.

4. **La gouvernance par agents**
   Chez Meta ou Microsoft Research, certains agents en supervisent d'autres (*watchdog agents*, *governance bots*), créant une supervision partiellement algorithmique.

Ces signaux faibles ne sont pas des gadgets : ils esquissent une réinvention complète du pilotage.

Le risque est de se rassurer avec des structures figées pendant que d'autres inventent une gouvernance vivante.

L'opportunité est d'expérimenter dès maintenant ces approches pour transformer en profondeur la manière de décider, d'agir et de s'adapter.

Révolution IA

8. La Révolution Conversationnelle : Vers une économie de l'anticipation

Après avoir décrit l'IA comme moteur d'exécution (Chap. 5), il faut comprendre comment elle transforme la relation. Car la révolution agentique n'est pas seulement technique : elle est conversationnelle.

Le problème fondamental du numérique actuel n'est pas la technologie, c'est la traduction.

Aujourd'hui, pour interagir avec votre entreprise, un client doit traduire son problème humain (souvent flou et complexe) en un langage informatique binaire (cocher des cases, choisir dans des listes déroulantes, trouver le mot-clé exact).

Toute la charge cognitive repose sur lui. S'il ne sait pas « parler » la structure de votre base de données, il échoue.

L'IA agentique inverse cette charge. Ce n'est plus à l'humain d'apprendre le langage de la machine, c'est à la machine de comprendre l'intention de l'humain.

a. De la « Saisie » à l'« Échange » : gérer l'ambiguïté

Pendant vingt ans, nous avons confondu « digitaliser» et « créer des formulaires ». Le formulaire est parfait pour le standard, mais il échoue dès qu'il y a de la complexité.

Prenons un cas réel dans l'univers des ressources humaines pour mesurer l'écart :

- **l'approche classique (Recherche) :** Un candidat souhaite se reconvertir. Sur votre site, il doit choisir un métier précis dans une liste. Mais s'il ne connaît pas l'intitulé exact du poste qui correspond à ses compétences transférables, il est bloqué. Le moteur de recherche est rigide : pas de mot-clé exact, pas de résultat.

- **l'approche conversationnelle (agentique)** Le candidat exprime une situation de vie : *« Je suis chef de rang en restauration depuis dix ans, je ne peux plus travailler le soir pour des raisons familiales, mais j'aime le contact client et le rythme soutenu. Qu'avez-vous pour moi ? »*

Ici, aucun moteur de recherche classique ne peut répondre. Il faut un système capable d'inférer, de faire des liens logiques entre des compétences (gestion du stress, service client) et des métiers totalement différents (service client bancaire, logistique hospitalière, accueil événementiel).

La conversation n'est pas une nouvelle interface cosmétique, c'est la fin de la tyrannie du mot-clé exact. Elle permet de capter la nuance.

b. Conversation et Contexte : le moteur de la pertinence

Pour réussir cette prouesse, l'agent ne doit pas seulement être un « beau parleur » (comme un modèle générique), il doit être un « expert de votre maison ».

L'équation de la valeur change radicalement :

1. **La Conversation** sert à capter l'ambiguïté et les signaux faibles que les formulaires écrasent.

2. **Le Contexte** (votre historique, vos règles métier, votre connaissance client) sert à ancrer la réponse dans la réalité de votre entreprise.

Sans contexte, l'IA est un consultant brillant mais qui ne connaît rien à votre business (il hallucine). Avec le contexte, elle devient le meilleur de vos employés, celui qui a « de la mémoire » et connaît les dossiers.

c. La spirale de valeur de la donnée

C'est ici que se joue la bataille économique. Pourquoi investir dans vos propres agents plutôt que d'utiliser des outils génériques ? Pour la **propriété du contexte**.

Le mécanisme est une spirale vertueuse (une roue d'inertie) :

- parce que l'échange est naturel, l'utilisateur en dit plus (il livre ses contraintes réelles, ses hésitations, ses projets).
- ces données non structurées (le « bruit » d'hier) deviennent de l'or : elles enrichissent le profil du client avec une précision inédite.
- l'agent devient plus pertinent la fois suivante, augmentant la fidélité.

Vos concurrents peuvent copier vos prix ou vos produits. Ils ne peuvent pas copier le contexte conversationnel intime que vous avez accumulé avec vos clients.

d. Du Réactif au Proactif : L'économie de l'anticipation

Le but ultime n'est pas de mieux répondre, mais de **prévenir la demande**. Une fois que le système possède suffisamment de contexte, il peut inverser le flux.

Exemple RH : La gestion de carrière dynamique

- *Avant (Réactif) :* Vous attendez qu'un bon collaborateur démissionne pour vous rendre compte qu'il s'ennuyait.
- *Après (Anticipatif) :* L'agent conversationnel interne, qui a « discuté » avec le collaborateur de ses formations récentes et de ses appétences, détecte un risque de départ. Il propose proactivement au RH : *« Marc semble stagner. Un poste de manager s'ouvre dans la filiale voisine, ses compétences comportementales correspondent à 90 %. Dois-je lui proposer une mise en relation informelle ? »*

e. Opérationnaliser la bascule : Grille de maturité et plan d'action

Comment savoir où vous en êtes ? Ne vous fiez pas à la présence d'un « chatbot » sur votre site. Fiez-vous à l'usage que vous faites de la donnée.

LA GRILLE DE MATURITÉ : DU SILO À L'ANTICIPATION

Niveau	Stade	Ce que vit le client	Etat de la donnée
Niveau 0	Transactionnel	Le Formulaire. « Remplissez les cases ». Si le client ne rentre pas dans les cases, il est perdu.	Silotée. Donnée morte, stockée uniquement pour la facturation.
Niveau 1	Scripté	L'Arbre de décision. Un chatbot basique propose des choix fermés (A ou B). Frustrant dès qu'il y a une nuance ou une exception.	Amnésique. Aucune mémoire d'une session à l'autre. Le contexte est nul.
Niveau 2	Contextuel	L'Assistant. L'agent comprend le langage naturel et utilise l'historique (« Bonjour Sarah, on reprend le dossier d'hier ? »).	Unifiée. Connexion temps réel entre l'IA et le CRM. La mémoire est active.
Niveau 3	Proactif	Le Partenaire. L'agent agit avant la demande explicite pour éviter un problème ou saisir une opportunité.	Prédictive. Analyse des signaux faibles pour déduire le besoin futur.

Feuille de route pour le dirigeant : Par où commencer lundi matin ?

L'erreur classique est de vouloir sauter directement au Niveau 3. C'est impossible. Voici les trois chantiers chronologiques :

1. **Chantier 1 : L'Archéologie du non-structuré (Mois 1 à 3)**

Cessez de jeter la donnée conversationnelle. Branchez des outils de transcription sur votre service client. Analysez sémantiquement vos emails entrants.

Objectif : Identifier les « intentions orphelines », toutes ces demandes complexes que vos clients formulent mais que vos processus actuels ne savent pas traiter. C'est votre feuille de route.

2. **Chantier 2 : La Mémoire Unifiée (Mois 3 à 9)**

C'est le chantier technique indispensable (voir Chapitre 3). Avant de faire parler l'IA, donnez-lui une mémoire. Construisez la couche logicielle qui permet à l'agent de lire le dossier client, l'historique des achats et les contraintes légales en temps réel.

3. **Chantier 3 : Le Pilote Supervisé et la Double Boucle (Mois 9 à 12)**

Lancez un agent sur un périmètre restreint, mais intégrez dès le départ la double boucle d'apprentissage.

- *Boucle 1 (Production) :* L'IA gère le flux standard.
- Boucle 2 (Entraînement) : En cas de doute, l'IA escalade vers l'humain. L'humain ne fait pas que répondre au client, il «corrige» l'agent.

Objectif : Chaque exception traitée par un humain doit devenir une règle comprise par la machine. L'humain n'est plus un simple opérateur de secours, il devient l'instructeur de l'algorithme. C'est ainsi que l'on passe du script (Niveau 1) à la pertinence (Niveau 2).

f. Conclusion

L'enjeu n'est pas technologique, il est relationnel.

La conversation ne remplace pas une interface par une autre. Elle supprime le moment où l'utilisateur structure lui-même sa demande.

Dans un système transactionnel, le contexte est encodé par l'utilisateur : il choisit un formulaire, une catégorie, une option. Le système n'a plus qu'à exécuter.

Dans un système conversationnel, ce travail disparaît. L'intention arrive **brute, ambiguë, incomplète**. C'est alors au système — et donc à l'organisation — de reconstruire le contexte pertinent pour décider et agir.

À mesure que les technologies d'IA se banalisent, ce mécanisme devient discriminant. La différence ne se fait plus sur la capacité à converser, mais sur la capacité à **recontextualiser correctement** : mobiliser l'historique, les règles, la situation opérationnelle, les contraintes métier.

La révolution conversationnelle ne crée donc pas un avantage technologique. Elle déplace l'avantage compétitif vers ce que chaque organisation est seule à posséder : **son contexte structuré, exploitable et gouvernable**.

9. IA responsable : construire la confiance comme un système, pas comme un rempart

a. Vous l'avez lancée. Et maintenant ?

L'agent d'IA est en production. Il trie des candidatures, relance des clients, recommande des offres. Il apprend, agit, s'adapte. Parfois mieux qu'un humain. Parfois plus vite. Parfois… sans prévenir.

Et soudain, une question simple devient
vertigineuse : que fait-il exactement ?
à partir de quelles données ?

avec quelle logique ?
dans quel cadre ?
et surtout… à quel moment l'avez-vous validé ?

Tant que l'IA restait dans les labos ou les PoC, la question ne se posait pas. On testait, on documentait vaguement, on lançait un pilote à petite échelle… Mais maintenant, elle agit. Elle prend des décisions visibles. Elle a une incidence sur des personnes, des résultats, des parcours.

Vous n'avez plus un outil. Vous avez un acteur.

Et tant que vous ne pouvez pas l'expliquer, l'auditer, l'ajuster — **vous ne pilotez rien**. Vous êtes spectateur d'un système que vous avez vous-même déclenché.

C'est là que l'approche de l'IA responsable entre en jeu. Pas comme une case à cocher, pas comme une charte d'intention, mais comme une structure invisible, intégrée dans chaque décision, chaque seuil, chaque log, chaque responsabilité.

Cette pratique de l'IA responsable n'est pas là pour ralentir. Elle est là pour permettre. Permettre de continuer à avancer, à innover, à déployer — **sans jamais perdre la main**.

b. L'IA responsable, fondation du système agentique

Dans beaucoup d'organisations, L'IA responsable (RAI pour *Responsible AI*) est encore vue comme un projet à part. Un audit en bout de chaîne. Une politique de conformité mal aimée. Un sujet éthique dont on espère qu'il ne freinera pas trop l'exécution. **C'est une erreur stratégique.**

Un agent autonome n'est pas une simple automatisation. C'est une entité décisionnelle, construite sur des règles, des données et, surtout, des marges d'interprétation. À ce titre, il requiert une architecture robuste.

La **RAI n'est pas une surcouche**. Elle est **la fondation même** du système agentique :

- elle définit ce que l'agent a le droit de faire, seul ou accompagné ;
- elle inscrit la supervision dans le fonctionnement natif ;
- elle structure la traçabilité, l'explicabilité, l'escalade ;
- elle permet aux parties prenantes — métier, RH, clients, régulateurs — de comprendre, de questionner, de corriger.

Sans ce socle, il n'y a pas d'autonomie. Il n'y a que du risque mal identifié. Et de la défiance, partout.

Pas de confiance sans structure. Pas d'agent crédible sans RAI intégrée.

c. RAI *by design* : penser la responsabilité dès la conception

Le problème de la RAI, c'est qu'elle est souvent pensée… trop tard. On vérifie des biais une fois le modèle entraîné. On rédige une documentation après le lancement. On ajoute une explication pour répondre à une polémique.

Mais un agent responsable **se conçoit comme tel dès l'origine**.

C'est tout le sens de la **RAI *by design*, qui vise à** :

- penser les **seuils de décision** au moment même où l'on modélise le comportement de l'agent ;
- prévoir des ***feedback loops*** avec les utilisateurs dès la version bêta ;
- intégrer la **traçabilité des données sources** dès l'architecture technique ;
- impliquer, très tôt, les équipes **métier, produit, juridique, RH**, dans une logique d'alignement.

Ce n'est pas un sujet de conformité. C'est un **sujet de conception produit.** L'autonomie sans supervision est une illusion. Et la supervision sans design… est une plaie.

On ne vérifie pas la responsabilité à la fin.
On la modélise, on la code, on l'ancre dès le début.

d. RAI Canvas : les cinq questions à poser avant de lancer un agent

Avant tout déploiement en production, chaque équipe devrait pouvoir répondre clairement à ces cinq questions. Pas en théorie, en pratique. Sur un cas réel, à froid.

1. **Pour qui l'agent d'IA agit-il ?**
   - Pour quel utilisateur final ?
   - Dans quel contexte ?
   - Avec quelle autonomie déclarée ?
2. **Que peut-il faire seul ? — et que doit-il escalader ?**
   - Quelles actions sont autorisées ?
   - Quels seuils déclenchent une supervision humaine ?
   - Qui est responsable en cas de doute ?
3. **À partir de quelles données agit-il ?**
   - Origine, fraîcheur, qualité, sensibilité ?

- o Existe-t-il un journal d'audit lisible ?
- o Les biais sont-ils identifiés ? Surveillés ?

4. **Est-il capable d'expliquer une décision ?**

- o À un utilisateur ?
- o À un manager ?
- o À un régulateur ?

5. **Comment l'améliore-t-on une fois lancé ?**

- o Quel feed-back est collecté ?
- o À quelle fréquence l'agent est-il réévalué ?
- o Quel est le mécanisme d'alerte en cas de dérive ?

Si vous n'avez pas les réponses à ces cinq questions, vous n'avez pas d'IA responsable, mais un angle mort qui grossit à chaque exécution.

e. Évaluer les vrais risques, pas les fantasmes

Le débat public sur l'IA est saturé de scénarios extrêmes : machines hors de contrôle, biais systémique, manipulation de masse… Ces risques existent, mais ils sont souvent éloignés des usages réels dans les entreprises.

Le vrai sujet est : **quels sont les effets concrets de mes agents, ici et maintenant ?**

Une bonne approche RAI ne cherche pas à tout couvrir. Elle cartographie les risques réels :

- pour les utilisateurs (incompréhension, décisions injustes, frustration) ;
- pour les métiers (perte de contrôle, décalage avec les objectifs business) ;
- pour la réputation (effet de bord mal compris ou mal assumé) ;
- pour la régulation (non-conformité, absence de justification, lacunes de gouvernance).

Ce travail ne peut pas être délégué au juridique. Il doit être conduit avec les opérationnels, **dans la granularité des usages réels**.

Le danger, ce n'est pas que l'agent prenne une décision. C'est que plus personne ne sache pourquoi il la prend.

f. Une IA responsable est une IA explicable

La responsabilité ne se limite pas seulement à encadrer. Elle implique de **pouvoir rendre des comptes**.

À tout moment, une IA déployée devrait pouvoir répondre à trois questions :

1. **Qu'a-t-elle fait ?** (log clair de l'action)
2. **Pourquoi l'a-t-elle fait ?** (critères, seuils, règles activées)
3. **Avec quelles données ?** (source, fraîcheur, niveau de confiance)

Ces réponses doivent être disponibles **en temps réel**, et compréhensibles **par des humains non techniques** : managers, utilisateurs, clients, auditeurs.

Cela suppose une architecture capable de :

- tracer les décisions critiques,
- générer des explications compréhensibles (en langage naturel),
- exposer les limites du système (niveau de confiance, doute, escalade possible).

Le différenciateur ne sera plus l'excellence de votre architecture technique, mais votre capacité à expliquer son comportement — simplement, publiquement, durablement.

g. Former des équipes capables d'assumer

Un système IA responsable repose sur une autre forme de compétence collective.

Il faut :

- des **équipes capables de lire** les décisions d'un agent ;
- des **managers capables d'intervenir**, de documenter, de réajuster ;
- une culture qui ne se cache pas derrière l'IA, mais qui l'assume comme une **partie prenante augmentée**.

C'est un changement de posture. Il ne s'agit plus de déployer des modèles. Il s'agit de construire **des systèmes hybrides, pilotés par des humains conscients de ce que fait l'IA — et de ce qu'ils lui délèguent**.

Un agent ne remplace pas un collaborateur. Il exige un collaborateur plus formé, plus lucide, plus responsable.

h. Conclusion – Et après ? La RAI comme avantage stratégique

On a trop longtemps pensé la responsabilité comme une contrainte.
Dans un monde d'agents autonomes, c'est l'inverse.

La RAI devient un facteur de vitesse, de confiance et de crédibilité.

C'est elle qui permet d'aller au bout de l'autonomie, sans rupture de contrôle.
C'est elle qui crédibilise vos agents vis-à-vis des utilisateurs, des clients, des régulateurs.
C'est elle, surtout, qui inscrit l'IA dans la durée.

Dans un monde où tout le monde a accès aux mêmes modèles, la seule vraie différenciation sera votre capacité à les encadrer, à les expliquer et à les assumer.

10. Le nouveau monde du travail : vers une cinquième figure

Chaque révolution industrielle a inventé ses métiers, ses figures, ses grilles d'évaluation.

Et si l'ère des intelligences autonomes imposait, elle aussi, d'en inventer de nouveaux ?

a. Des outils qui changent… aux figures qui s'imposent

On croit souvent que les grandes ruptures technologiques transforment les outils. Mais ce qu'elles changent en profondeur, c'est le travail lui-même — et plus encore, le travailleur légitime.

À chaque cycle industriel, une nouvelle figure s'impose.

- Au XIXe siècle, la **machine à vapeur** donne naissance à l'**ouvrier spécialisé** — un exécutant fort, discipliné, productif.
- Avec l'électricité et le taylorisme, on valorise le **contremaître** — capable de standardiser, de contrôler, d'optimiser les gestes.
- L'automatisation informatique des années 1980 crée le **technicien** — formé à la logique système, apte à corriger, à paramétrer, à dépanner.
- Le numérique en réseau installe le **manager** — un pilote transversal, maître des flux, organisateur de la complexité.

Ces figures n'effacent pas les précédentes. Elles les refaçonnent, déplacent la valeur, rebattent les cartes du pouvoir.

b. L'IA agentique appelle une cinquième figure

Aujourd'hui, une intelligence non humaine entre dans la boucle : elle propose, décide, apprend. Elle ne se contente pas d'exécuter. Elle transforme la dynamique du travail.

Pour les opérateurs humains, il ne suffit plus de savoir faire. Il faut désormais savoir travailler avec.

Et cela impose une nouvelle figure du professionnel, que l'on pourrait appeler **l'interprète hybride**.

Il a un rôle émergent, encore mal défini, mais absolument central. Il est celui qui :

- donne sens à l'action d'un agent,
- arbitre ses suggestions,
- explique ses choix, et
- assume la responsabilité finale (ce qui est vrai aussi pour un manager avec un agent humain).

c. Le travail bascule dans l'hybride

Concrètement, cette nouvelle ère transforme trois dimensions clés :

1. La production devient « orchestration »
Ce n'est plus l'humain seul qui produit : il pilote un système où l'IA exécute une partie de la charge. Le travail devient asymétrique. L'agent intelligent :

- va plus vite, voit plus large, mémorise mieux, mais
- n'a ni sens politique, ni conscience morale, ni lecture contextuelle.

L'humain n'est plus « acteur » au sens classique. Il devient **architecte de la décision hybride**.

2. L'expertise passe désormais par l'interprétation

Savoir n'est plus accumuler de la connaissance. C'est cerner quand faire confiance au système… et quand dire non.

Ce que l'on valorisait avant (répétabilité, précision, autonomie d'exécution) est remplacé par **l'agilité de discernement, la capacité à rendre explicite ses arbitrages**.

3. La reconnaissance devient narration

Le professionnel de demain n'est pas celui qui fait beaucoup, mais celui qui peut expliquer pourquoi il a accepté, rejeté ou modifié une suggestion de l'IA — et qui en porte la responsabilité documentée.

d. Trois figures émergentes du travail post-agentique

De même que chaque révolution industrielle a inventé ses métiers, l'ère de l'IA agentique voit émerger de nouvelles postures professionnelles.

1. L'interprète
Il donne du sens à une décision générée par une IA.
Il comprend les signaux, les sources, le contexte.
Il reformule.

2. L'arbitre

Il décide. Il accepte ou refuse une proposition. Il assume, trace, justifie.
Il fait le lien entre l'action technique et la légitimité organisationnelle.

3. L'orchestrateur
Il conçoit des flux où humains et agents collaborent.
Il régule les seuils d'autonomie, les cycles de feed-back, les alertes.

Ces trois figures ne remplacent pas les anciens métiers. Elles les traversent. Elles redéfinissent la valeur à chaque niveau de l'organisation.

e. Un nouveau pacte professionnel… encore non formulé

Ce qui se joue ici n'est pas une simple transformation des outils. C'est une mutation du contrat implicite entre l'individu et l'entreprise.

Avant	**Maintenant**
Vous êtes valorisé si vous produisez vite	Vous êtes valorisé si vous arbitrez bien
Vous montez si vous maîtrisez un périmètre	Vous montez si vous faites travailler un système
Vous êtes légitime si vous savez	Vous êtes légitime si vous expliquez ce que l'IA ne sait pas

Et ce pacte n'est pas encore verbalisé.

D'où l'inconfort, les tensions, la peur de l'illégitimité.

f. Ce que les organisations doivent (vite) comprendre

1. **Le travail devient narratif**, pas seulement opérationnel.
Il faut apprendre à :

- rendre visible l'arbitrage,
- documenter la décision mixte.

2. **Les grilles RH doivent intégrer des compétences de cohabitation cognitive.**
Il faut être capable de :

- corriger un agent,
- le briefer,
- en définir les seuils d'autonomie,
- l'auditer.

3. **Les managers** ne pilotent plus des équipes, ils **orchestrent des systèmes vivants**, avec :

- des *feedback loops*,
- des agents qui évoluent,
- des seuils qui bougent.

g. Et vous, quelle figure serez-vous ?

La question n'est plus « vais-je être remplacé ? » mais « suis-je prêt à incarner cette cinquième figure ? ». Celle qui ne se définit ni par son expertise ni par son ancienneté, mais par sa capacité à piloter intelligemment une entité qui ne lui ressemble pas… mais qui agit à ses côtés.

Ceux qui réussiront ne seront pas les plus techniques.
Ce seront les plus capables de rendre l'hybride intelligible, habitable, responsable.

Le tournant agentique : cinq figures pour cinq ères

Révolution	Figure dominante	Valeur reconnue
1r□ – Mécanisation	Ouvrier	Force + discipline
2□ – Électrification	Contremaître	Standardisation + contrôle
3□ – Automatisation	Technicien	Savoir-faire technique
4□ – Numérisation	Manager	Orchestration des flux
5□ – IA agentique	Interprète/arbitre/ orchestrateur	Explicabilité + discernement + pilotage hybride

Révolution IA

11. AGI : l'hyperaccélération de l'agentique ?

Ce chapitre ne parle pas de science-fiction. Il parle de stratégie.

Car, pendant que beaucoup débattent encore de la réalité de l'intelligence artificielle générale, d'autres redessinent déjà leur chaîne de valeur autour d'agents capables de simuler, d'arbitrer, de prioriser seuls.

On pense souvent que l'AGI n'est pas pour demain. Pourtant, certains laboratoires testent déjà des agents qui définissent eux-mêmes la feuille de route produite à partir de signaux utilisateurs. Des plateformes RH mettent à l'essai des systèmes capables de recommander et de déclencher des promotions sans validation managériale. Des comités d'investissement se laissent conseiller par des IA entraînées sur des années de délibérations internes. Aucun de ces systèmes ne mérite encore le nom d'AGI. Mais tous posent déjà la même question dérangeante : et si la dernière décision vraiment humaine avait déjà été prise sans que personne ne le remarque ?

a. L'hypothèse AGI : une fiction sérieuse

Depuis le début de ce livre, nous avons suivi une trajectoire continue : des outils génératifs à la coordination entre agents, de la complémentarité entre l'homme et la machine à la transformation des rôles, de la gouvernance hybride à l'orchestration continue. À chaque étape, un même fil rouge : les entreprises qui progressent sont celles qui transforment leur rapport à l'intelligence artificielle — pas celles qui ajoutent une couche d'IA sans changer de logique.

À l'horizon de ce parcours, un sigle vient de surgir : AGI. Souvent galvaudée, parfois fétichisée, rarement comprise, cette intelligence artificielle « générale » désigne une forme d'intelligence artificielle capable de transférer ses compétences d'un domaine à l'autre, d'apprendre seule, de raisonner hors cadre, de généraliser et de s'améliorer elle-même, sans supervision explicite. Une entité qui ne se contente plus d'interpréter ou d'optimiser, mais qui crée, qui arbitre, qui apprend.

Nous n'y sommes pas. Et personne ne sait si nous y serons demain. Mais déjà, les signaux faibles s'accumulent. Des modèles multitâches émergent. Des tests d'intelligence généraliste se multiplient. Les frontières entre agents autonomes et systèmes apprenants se brouillent. Le mot AGI devient pensable — et c'est peut-être cela qui suffit.

Ce livre s'est construit sur une conviction : l'intelligence artificielle n'est pas une technologie de plus, mais la quatrième grande révolution industrielle. La vapeur a déplacé la force. L'électricité a industrialisé la cadence. L'informatique a automatisé l'information. L'intelligence artificielle, elle, commence à redistribuer la pensée.

Si l'AGI devait advenir, elle ne serait pas une cinquième révolution. Elle serait le *stress test* de la quatrième. Le moment où l'intelligence automatisée dépasserait l'optimisation pour entrer dans la délibération. Générale, l'intelligence artificielle ne serait plus une machine qui exécute ; ce serait une entité qui comprend, qui apprend, qui recontextualise. Et la vraie question ne serait plus de savoir si nous sommes prêts à coexister avec cela, mais si nous avons bien tiré toutes les conséquences des révolutions précédentes.

L'AGI n'écrit pas un nouveau chapitre de l'histoire de l'intelligence artificielle ; elle pousse tous les précédents à leur point de rupture. Si vous avez commencé à orchestrer des agents, l'AGI accélère leur coordination sans vous. Si vous avez redéfini les rôles managériaux, elle teste jusqu'où l'humain reste nécessaire dans la boucle. Si vous explorez la gouvernance distribuée, elle met sous tension vos règles implicites et vos zones aveugles. Si vous avez esquissé une collaboration entre l'homme et la machine augmentée, elle en est la forme la plus radicale, la plus exigeante, la plus instable. L'AGI opère une accélération de tout ce que vous avez enclenché jusqu'ici. Si vous êtes en mouvement, elle vous prépare. Si vous êtes immobile, elle vous expose.

b. Ai générative, agents d'IA, AGI : même trajectoire, autre nature

Tout semble indiquer une progression linéaire : des *prompts* aux copilotes, des copilotes aux agents, des agents aux systèmes toujours plus intelligents. Mais cette ligne continue masque une discontinuité majeure. L'IA générative produit ; l'agent exécute et planifie ; l'AGI, elle, réfléchit, généralise, transfère.

L'AGI n'est plus une IA dans le système, c'est une IA qui comprend le système. Même si la technologie sous-jacente reste familière — grands modèles de langage, vectorisation, mémoire augmentée — le comportement et l'usage changent de registre. L'AGI n'est plus un outil, ce n'est plus un exécutant, c'est un coacteur cognitif.

Et cette bascule impose de se poser très tôt les bonnes questions. Quels rôles voulons-nous absolument garder du côté humain ? Quels arbitrages devons-nous rendre non délégables ? Quelle part de sens devons-nous préserver comme territoire propre, incarné, débattu ?

c. L'AGI comme révélateur organisationnel

Il serait tentant de penser que l'AGI, si elle arrive, bouleversera toutes nos organisations. Mais elle ne fera pas table rase de tous nos processus. Elle révélera ce que nous n'avons pas construit assez profondément. L'AGI ne sera pas une révolution. Elle sera un miroir qui renverra à chaque entreprise la question suivante : êtes-vous réellement prêts à travailler avec une entité qui pense autrement ?

Être compatible avec l'AGI ne signifie pas avoir tout digitalisé. Cela suppose d'avoir construit une organisation capable de cohabiter avec des intelligences humaines ou artificielles, de maintenir la maîtrise du sens tout en distribuant l'autonomie, de s'adapter sans céder, de garder le cap même lorsque les moyens se réinventent.

Ce que l'AGI rendra obsolète, ce n'est pas l'humain en soi. C'est l'humain non repositionné, non explicité, non armé pour faire équipe.

d. Manager dans un monde « AGI-compatible »

Ce que l'AGI transforme en profondeur, ce n'est pas la technologie, c'est le management. Le manager ne peut plus se contenter de répartir le travail ou d'en assurer la conformité. Il devient le gardien du sens, l'architecte de la coopération. Celui qui sait ce qui peut être délégué sans risque — et ce qui ne doit pas l'être, même si c'est techniquement faisable.

Manager dans un monde « AGI-compatible » consiste à poser des objectifs clairs tout en laissant les chemins ouverts, à arbitrer entre ce qui relève du calcul et ce qui engage des valeurs, à savoir écouter les recommandations d'une intelligence non humaine sans abdiquer sa propre capacité à trancher.

Mais cela mène aussi, et peut-être par-dessus tout, à maintenir une culture explicite du droit à l'erreur, de la vigilance partagée, de l'apprentissage collectif. L'AGI n'imposera son rythme ; la culture managériale, si elle est suffisamment robuste, saura intégrer l'AGI comme un partenaire — et non comme une anomalie.

e. Visions contrastées, trajectoires divergentes

Préparer l'entreprise à l'AGI ne suppose pas d'adhérer à une vision unique. Cela demande au contraire de naviguer dans l'incertitude, entre plusieurs hypothèses stratégiques, souvent incompatibles, toujours incomplètes.

Certains, comme Mark Zuckerberg, défendent une vision décentralisée de l'AGI : une superintelligence personnelle, accessible à chacun, enracinée dans nos usages quotidiens, au service de l'individu plus que de l'organisation. D'autres, comme Sam Altman, préfèrent imaginer une AGI ouverte, alignée, encadrée par une gouvernance globale, avec une forte exigence d'éthique mais une forme de centralisation implicite. Elon Musk, quant à lui, évoque une AGI de défense : une intelligence puissante, alignée à long terme, conçue pour résister à d'éventuelles dérives adverses — plus une armure qu'une partenaire.

Ces visions ne sont pas anodines. Elles influencent déjà les choix d'infrastructure, les modèles économiques, les récits dominants. Et elles engagent des modèles de société radicalement différents. Dans ce flou stratégique, l'entreprise ne peut pas rester passive. Elle doit projeter des scénarios, se doter de grilles de lecture, ajuster ses convictions.

Certaines AGI seront peut-être très spécialisées, très performantes mais limitées à un domaine. D'autres, plus transversales, pourraient s'intégrer dans les boucles de décision sans supervision constante. D'autres encore, plus autonomes — mais sans doute plus lointaines — remettront en cause la notion même de direction, d'autorité, de responsabilité.

Il ne s'agit pas de choisir un camp. Il s'agit de se préparer à ce que l'on ne contrôle pas.

L'AGI n'est pas un point d'arrivée.
C'est une question qui interroge tout ce que nous avons construit.
Et cette question se pose dès maintenant.

Annexe
Tout ce que vous avez toujours voulu savoir sur l'IA (sans jamais oser le demander)

Cette annexe est un pas de côté. Elle ne reprend pas les chapitres du livre, ne raconte pas une autre histoire. Elle est un glossaire illustré qui vise simplement à répondre à la question qui revient sans cesse : « Qu'est-ce qu'on entend exactement par-là ? »

Pas de jargon inutile : chaque définition est replacée dans son contexte, et illustrée par un exemple concret. L'objectif n'est pas de faire un dictionnaire technique, mais de donner au lecteur un langage commun pour naviguer dans ce nouveau monde.

a. Base, techniques et modèles

IA/AI (intelligence artificielle/*artificial intelligence*)

L'intelligence artificielle désigne l'ensemble des techniques qui permettent à des machines de reproduire certaines fonctions de l'intelligence humaine : apprendre, comprendre le langage, raisonner, résoudre des problèmes. C'est un terme large, qui englobe des règles logiques programmées à la main aux réseaux de neurones profonds utilisés aujourd'hui. Quand on lit « AI » (en anglais) ou « IA » (en français), il faut entendre une même réalité : l'idée de doter les machines d'une forme d'autonomie cognitive.

Exemple : la reconnaissance vocale de votre smartphone, l'algorithme de recommandation de Netflix ou un modèle qui détecte une fraude bancaire en temps réel relèvent tous de l'IA.

Agents d'IA, agents d'intelligence artificielle ou agents intelligents

Les agents d'intelligence artificielle sont des systèmes logiciels qui utilisent l'IA pour atteindre des objectifs en effectuant des tâches comme des opérateurs humains. Ils font preuve de raisonnement, de planification et de mémoire, et disposent d'un certain niveau d'autonomie pour prendre des décisions, apprendre et s'adapter.

CRM

Un CRM (*customer relationship management*) est un logiciel de gestion de la relation client qui centralise, organise, et gère les échanges entre une organisation et ses usagers, et dont les outils tiennent compte de leurs souhaits et de leurs attentes, afin de les satisfaire et de les fidéliser en leur offrant ou proposant des services.

Prompt

Le *prompt* est une consigne donnée à un modèle. C'est la manière dont on « programme » l'IA par le langage. Un *prompt* vague produit une sortie banale, un *prompt* précis déclenche une réponse adaptée. Le LLM est le moteur ; le *prompt*, la pédale d'accélérateur.

Exemple : plutôt que d'écrire « rédige un e-mail », un manager formule sa demande : « Rédige un e-mail de relance client, ton professionnel mais chaleureux, maximum 8 lignes. »

LLM/GML (*large language model*/grand modèle de langage)

Un LLM (ou GML en français), est un modèle entraîné sur des volumes gigantesques de texte. Son principe est simple : prédire le mot suivant. Répété des milliards de fois, ce calcul statistique donne l'illusion d'une conversation fluide. Contrairement à un logiciel classique, un LLM est non déterministe : il ne donne pas toujours la même réponse à la même question. Il ne cherche pas la vérité, mais la réponse la plus probable selon son apprentissage.

Exemple : GPT-4 peut résumer un rapport de 100 pages en langage clair, mais deux résumés successifs ne seront jamais identiques.

Hallucination

Une hallucination est une réponse fausse formulée avec assurance par l'IA. Le modèle ne ment pas : il calcule. Mais comme il ne distingue pas le vrai du vraisemblable, il peut inventer. Ce phénomène est inhérent à son mode de fonctionnement.

Exemple : un juriste interroge un modèle sur la jurisprudence et reçoit des références… à des arrêts qui n'ont jamais existé.

API (*application programming interface*)

Une API est une porte d'entrée qui permet à une application de dialoguer avec une autre. Sans API, une IA reste théorique. Avec, elle devient opératrice : elle peut réserver, commander, agir. Les API sont les muscles qui relient l'IA aux systèmes réels.

Exemple : un agent de voyages réserve automatiquement un billet d'avion via l'API d'Air France.

Feedback loop

Une *feedback loop* est un mécanisme par lequel un système apprend de ses propres résultats. Sans boucle de rétroaction, une IA ne s'améliore pas et peut dériver. Avec, elle ajuste ses réponses en continu.

Exemple : un chatbot qui demande aux clients de noter la qualité de ses réponses s'améliore progressivement grâce à ces évaluations.

b. Management et pilotage

Cas d'usage

Un cas d'usage est un exemple précis d'utilisation de l'IA. C'est une démonstration ponctuelle de ce que l'IA peut faire sans forcément l'intégrer dans l'organisation. Le cas d'usage a une vertu : il rend l'innovation tangible. Mais pris isolément, il ne transforme pas l'entreprise.

Exemple : un service marketing génère un e-mail de relance client avec ChatGPT. Le gain est réel, mais il reste limité à une tâche ponctuelle.

Processus

Un processus est une chaîne d'activités qui créent de la valeur : recruter, gérer un sinistre, approvisionner une usine. Intégrer l'IA dans un processus, ce n'est plus faire un « coup d'éclat » ponctuel, mais transformer le fonctionnement quotidien. Les agents d'IA y trouvent leur place : ils enchaînent les étapes et deviennent de véritables opérateurs.

Exemple : dans le processus de recrutement, un agent IA peut publier une annonce, sourcer des candidats, planifier des entretiens et mettre à jour le SIRH.

Signaux faibles

Un signal faible est un indice discret qui annonce une tendance ou une dérive. Apprendre à le repérer, c'est se donner une chance d'agir avant qu'il ne soit trop tard. Avec l'IA, les signaux faibles sont souvent cachés dans les usages, les réactions des collaborateurs, les anomalies invisibles dans les tableaux de bord.

Exemple : quelques retours négatifs récurrents dans un canal interne montrent qu'un agent de support perd la confiance des utilisateurs, bien avant que les KPI officiels ne s'en ressentent.

Dérive silencieuse

La dérive silencieuse est ce décalage progressif entre ce que l'on croit qu'un agent fait et ce qu'il fait réellement. Elle est dangereuse parce qu'elle avance masquée : tout semble normal, les rapports sont positifs, mais la logique de l'agent s'écarte peu à peu des intentions initiales.

Exemple : un agent d'optimisation des stocks privilégie les économies à court terme et réduit les niveaux d'approvisionnement.

c. Prospective et visions

IA générative/GenAI (*generative AI*)

L'IA générative désigne les modèles capables de créer du contenu original : textes, images, sons, vidéos, code. Elle a popularisé l'IA auprès du grand public et ouvert un nouveau cycle d'adoption dans les entreprises. Mais ses limites apparaissent vite : la GenAI impressionne par ses démonstrations, mais elle reste cantonnée aux tâches ponctuelles.

Exemple : un recruteur génère instantanément une fiche de poste. C'est efficace, mais cela ne remplace pas le processus complet de recrutement.

IA agentique/*Agentic AI*

L'IA agentique va plus loin : au lieu de produire une sortie, elle agit. Elle se fixe des sous-objectifs, enchaîne les étapes, interagit avec d'autres logiciels. Là où l'IA générative brille par ses démonstrations, l'agentique s'impose par son exécution.

Exemple : un agent RH contacte des candidats, planifie leurs entretiens et met à jour les dossiers. Il n'écrit pas seulement un texte, il opère un processus.

AGI/IAG (*artificial general intelligence*/intelligence artificielle générale)

L'AGI, encore hypothétique, est une IA dotée d'une intelligence générale, capable de raisonner sur n'importe quel sujet comme un humain. Elle représente moins une certitude qu'un horizon de réflexion : un test de solidité pour nos organisations.

Exemple : une AGI pourrait analyser un bilan médical, concevoir une stratégie commerciale et rédiger un contrat juridique dans la même journée.

Illusion de maîtrise

L'illusion de maîtrise, c'est croire que l'on contrôle un système autonome parce que l'on a fixé des règles, alors qu'il évolue déjà selon ses propres logiques. C'est un biais fréquent des organisations qui déploient des agents d'IA.

Exemple : une entreprise pense piloter ses agents parce qu'elle a une charte éthique et un comité d'IA responsable, mais elle n'a en réalité aucune mesure des décisions prises en continu.

Singularité technologique*

La singularité est un point hypothétique où l'IA dépasserait l'intelligence humaine, entraînant une accélération incontrôlable du progrès. Vision fascinante pour certains, menace existentielle pour d'autres, elle reste un scénario de science-fiction utile pour penser nos limites.

Exemple : le chercheur Raymond Kurzweil annonce une singularité vers 2045, où les machines pourraient concevoir de nouvelles IA plus puissantes qu'elles-mêmes.

*Personal superintelligence** (Zuckerberg)

Mark Zuckerberg imagine une IA personnelle, équivalente à un conseiller stratégique permanent. Une sorte de « superassistant » individuel qui connaît vos préférences, vos projets, vos contraintes, et vous accompagne partout.

Exemple : une IA suit votre carrière, vous conseille sur vos choix professionnels et agit pour vous comme un coach invisible.

*AGI défensive** (Musk)

Elon Musk défend une vision prudente, presque alarmiste : l'AGI doit être strictement encadrée pour éviter toute dérive. Dans son approche, la priorité n'est pas la création, mais la protection.

Exemple : Musk a soutenu la création d'OpenAI à l'origine pour éviter qu'une AGI incontrôlable ne soit développée sans garde-fous.

AGI ouverte et éthique* (Altman)

Sam Altman, PDG d'OpenAI, prône une AGI accessible et développée dans une logique d'utilité collective. Pour lui, la question n'est pas seulement de savoir si l'AGI existera, mais comment elle profitera à tous.

Exemple : son objectif affiché est une AGI dont les bénéfices seraient distribués largement plutôt qu'accaparés par quelques acteurs privés.

Révolution IA

Merci à ma tribu Alix, Laurence et Timothée pour leur confiance et leur patience !

Merci à mes relectrices L et E, mes relecteurs J et A pour leurs challenges toujours bienveillants et si précieux !

Merci à Denis Machuel pour avoir accepté de préfacer cet ouvrage !

Merci à The Adecco Group où s'est forgée la conviction centrale de cet ouvrage : la véritable révolution de l'IA n'est pas dans l'outil, mais dans la transformation de nos modèles opérationnels !

Merci à mon équipe, nous avons tant appris et tant découvert ensemble, et il nous reste tant à découvrir !

Merci à Elvire pour les précieux conseils et challenges

Achevé d'imprimer par Amazon en décembre 2025.
Dépôt légal : décembre 2025.
Numéro d'imprimeur : Amazon.

ISBN 979-10-981299-1-9/Imprimé en France.

www.ingramcontent.com/pod-product-compliance
Lightning Source LLC
La Vergne TN
LVHW090408210926
848480LV00002B/497
* 9 7 9 1 0 9 8 1 2 9 9 1 9 *